讓家自由 讓自己愛

35個家庭諮商的故事

邱珍琬——著

CONTENTS

目錄

PREFACE

自序

我們社會的家族觀念很重，再加上倫理的尊卑因素，使得許多的家庭問題變成個人在承擔。我擔任諮商工作這麼多年，常常在面對個別當事人時，看到家庭的影響與破壞力，但是又不能說服其他家人可以一同來處理，因此會覺得無力。我在之前寫過《我的家缺角了》（張老師文化），當時曾經接到一位讀者的來信，談到她被親生父親性侵的痛苦，她希望我可以藉由某報的專欄回應給她，然而這樣的要求似乎不是我單方面願意就可以成形的，但是這個事件一直在我的腦海中，三不五時地提醒我。後來我們在學校諮商中心也接獲一位男性的來電，他提到自己可以「坐擁」三人之福（包括老婆、老婆的妹妹與女兒），表示自己是很棒的男人，他來電不是求助、而是另有目的！我們當然處理的不是以這樣的事件為大宗，而是許多更細微與平常的家庭事件，然而這些家庭事件都讓人受到多多少少的傷害，有些甚至可以影響更為廣泛與久遠。

這本書不是要將重點放在家庭內的性侵事件或經驗，而是將許多實際的案例，從家庭治療的角度出發，來探看我們文化的脈絡與其影響力，也希望可以進一步提供建設性的觀點給類似經驗的當事人，甚至是給一般的閱讀民眾，讓我們一起來思考如何讓家成為每一個人可以安身立命的所在，也可以較無後悔或遺憾。書中可以辨識的身分都經過處理，一些情節也變造過，主要是諮商專業倫理的考量，因此若有雷同，也請勿對號入座。

孩子是家中問題的鏡子

撥點分數給媽媽

STORY 1

一位母親帶著國中的兒子來求助，母親神情憔悴，國中男生神采奕奕。我於是詢問母親前來求助的原因，她說是她丈夫叫她來的，因為她是一位「不適任」的母親，她說她自己也受過相關諮商輔導的訓練，但是這些經驗似乎沒有幫助她自己，她還是一個失敗的母親。

我細問「不適任」的意思，她接著說：「我丈夫說我連兒子都管不好！」那位一同出席的國中兒子身體有些扭捏、不自在，偷偷看了我一眼。我對著母親說：「說說看，是怎麼一回事？」母親看看兒子：「他在學校搗蛋。」於是我轉向兒子：「舉一個最近發生的搗蛋的故事。」兒子開始敘說這週發生在學校的一個事件，他說學校的營養午餐很難吃（我點頭同意，因為有很多學生都向我反映這一點），可是大家都不知道該怎麼辦，因為飯還是要吃啊！於是他就在這一天帶了一個罐頭去學校，午餐時間同學都搶著要吃他的罐頭，結果導師非常生氣，認為他造成班上的騷動，就罰他寫國文作業。我愣了一下：「等一下，這跟國文作業有什麼關係？」「因為我導師教國文。」我哈哈大笑，這位男同學也不好意思地笑了！

我回過頭，看了憂鬱的母親一眼，她不認為這件事有什麼笑點，我於是面對著國中生說：「**我剛才聽到的不是一個搗蛋的故事，而是一個解決問題的故事**。」他的眼睛一亮，好像在等我說下去，於是我道：「營養午餐難吃，大家都想不出辦法，但是你想到了，所以你想要解決問題，只是解決的方式反而帶給你麻煩。」我告訴那位母親，說她的兒子是一位「解決問題」的人。我對那個兒子說：「等一下我們來討論可以用什麼方式解決問題，卻又不會給我們自己帶來麻煩好不好？」我請兒子先出去輕鬆一下，我要先跟他的母親談。

留下來的母親開始哭訴她的婚姻，兩個兒子一個是沉默不語、一個是老出狀況，先生每三個月自大陸回來一個禮拜，都只會指責她沒有善盡母職，她覺得自己快要崩潰了！因為她的丈夫說：「妳什麼都不用做，只是照顧孩子而已，這樣也做不好！」這個打擊她很大，也讓她頓失信心。我詢問她學習諮商，怎麼沒有把所學的用在自己身上？她說很難，因為她的情況不同。很有趣的是，這位母親與兒子都知道丈夫在大陸有「小三」，還生了一個兒子，但是丈夫卻隻字不提！我請她先去找個別諮商師做自我整理，釐清自己要的是什麼、該怎麼做？接著我請兒子進來，與他一起商量怎麼解決他在學校遭遇的問題，像是午覺會睡過頭，同學又不會叫醒他之類的事。

要結束會談時，我告訴這位母親：「下一次妳叫妳先生一起來，要不然我無法跟你們一起工作。」母親面有難色：「可是他三個月才回來一次，這一次他才走。」我堅定地看著她：「告訴妳先生，**是我『叫』他來的**，如果老大也願意，請他一起來。」

果然幾週後那位父親與妻子、國二兒子一起出現。我先觀察他們一家人是怎麼進入諮商室（父親先坐在最裡面的沙發上，兒子接著進來坐在父親旁邊，但是並沒有很靠近，母親最後進來，坐在靠近門邊，也就是兒子坐在父母親中間），然後我才坐在那位父親對面。父親是一位成功的商人，工廠已經遷移到大陸，他很善於人際關係，也侃侃而談，可以跟我從他唸的學校聊到當地的名產，當然還有他的成就，我後來制止他說我不是在這裡聽他寒暄的，我們趕快進入正題。我將他兒子解決問題的故事與他分享，他卻提到自己這麼成功，一雙兒子卻連書都唸不好。我可以感受到他的失望與洩氣，但是我同時也告訴他我對於問題的看法，我說：「你兒子沒有問題。」於是我先請兒子出去，直接面對這對夫妻。

我說**許多家庭出現狀況通常是「夫妻」這一個「次系統」，孩子是最無能的，他們目睹家裡出現問題卻無能協助，但是他們又是家裡的成員，於是他們就想方設法要為家庭盡一份力，通常是讓自己變成「問題」或是「焦點」中心，希望可以緩解家庭裡緊張的氣氛**。我說：「你老婆也學諮商，但是卻沒有因此而過更好的生活。」這位丈夫解釋說，自己這麼努力賺錢還不是為了這個家？但是妻子不用工作，卻連孩子也管不好！我於是問：「孩子是她——你老婆一個人的嗎？」做母親的每天跟孩子相處，許多的用心辛苦都在其中，但是做丈夫的卻只有譴責與怨懟，好像自己沒有責任一樣！

這位先生閉了嘴，我將我的觀察說出來：「你從剛剛進來到現在，說的是兒子的故事，但是卻一眼也沒有正視過你老婆，請問你有多久沒有正眼看過她了？」他只是看著我，然後說：「很久了。」他們夫妻即便是在同一屋簷下，談的也只是兒子的事，沒有其他。接著我將焦點放在母親身上，詢問她的壓力與努力情況，然後我請兒子進來，準備將這次談話作結束。

我在此次諮商之前，特別要求母親「叫」她先生來，主要也是展示諮商師的權威，因為看到這位母親與其子女，可以感受到他們家權力最大的就是她丈夫，如果我說「請」她丈夫來，她丈夫未必會來，而且可能也拿翹，這樣就可能形成「權力之爭」，於是我先下馬威，澆澆其夫之氣燄。當然這樣的做法也有其危險存在。而在觀察他們走入諮商室的順序與位置，也可以了解家裡誰的權力最大、彼此間的互動如何？

我對著三個人說：「我現在要你們給我一個分數。如果你願意待在這個家的分數是從零到一百，你的分數是多少？」丈夫說一百，兒子說八十，妻子說四十，我於是道：「聽起來，媽媽好像想要離開這個家了，你們願意給她一些分數留住她？」丈夫說他給一百，我反應道：「你不想待在這個家了？」他面有驚懼，於是急急改為給二十，做兒子的面有難色，我於是問他要怎麼做決定？他說：「我想給我媽媽四十，但是這樣我就會不及格了！」他還是那麼在意「六十」是及格分數啊！我說沒有關係，於是他就給媽媽二十。「這樣媽媽就有八十了！」我對著母親說：「他們給了妳分數，看妳如何處理？」接著我要丈夫「面對」著妻子說出自己感謝的話，母親開始啜泣。我接著對那對父子說：「給了分數只是表面上的，但是實際上你們要有行動才有可能留住媽媽，對不對？」

他們沒有預約下一次。其實我也無法長期做這樣的諮商服務，因為我是公立學校教師，即便有諮商師執照多年，但是也只能在學校的學生輔導中心協助，不能夠對外接案。身為諮商師教育者（也就是培訓諮商師的老師），我自己當然要持續有臨床的實務經驗，要不然我無法擔任這樣的工作（因為臨床經驗會生疏），只是在學校單位受制於不能外接個案（公務員的倫理），因此只好自己去找學校或機構擔任義工，有時候也只能擔任「諮詢」角色。

諮商師的解析

我對於家族治療相當有興趣，也累積了許多臨床經驗，上面所談的案例，是典型的中國家庭會發生的情況。像是從他們走入諮商室的次序，就可以看出丈夫的威嚴，妻子力量最小，所以最後才進門，而兒子卻企圖做夫妻的「緩衝」，也因為他是他們的兒子（不可以偏向哪一方），所以就坐在中間位置。當然這個案例中的父親也有許多的遺憾，包括他自己是成功商人，但是兒子的課業或表現，不如他所期待，也因為必須要長期在大陸，對於疏忽親職有所愧欠。只是在這麼多年期間，他自己是不是有過反省？還是將責任推出去較為容易？研究指出，有「反省」的父母親是孩子之福，絕大部分的父母親是在有了孩子之後才學習當父母，然而卻不是每一個人都學「會」做得好，因此**學習做父母是終身學習的功課**。

我在實務工作中充分了解到家族治療的重要性，所以也提醒學生們（輔導教師與諮商師）留意，畢竟人生活在社會文化脈絡中，不能夠置身度外，不受這些脈絡的影響。在諮商師培訓的課程中，家族諮商是很重要的一環，只是因為是選修課，而學生選課又有上限（通常是一學期不能超過十二點五個學分），因此即便開了課也不一定開成，導致我們現在開課幾乎是以學生為中心，學生依自己的喜好選課，卻不一定選了「必要」的課，我們只有道德勸說，不能做其他。

我們社會還不太能夠接受家族諮商的觀念，主要是人的本位主義，認為出「問題」的不是我，為什麼我要出席？只是如果把觀點放大，從最重要的思考出發，也許就會認可到：為了這個家、為了孩子，有什麼個人的矜持呢？諮商這個助人專業未能普羅（及）化，也是因為我們宗族觀念裡的「家醜不可外揚」，以前還可以靠家族裡的長輩做協調，但是現在沒有這樣的習慣，於是乎大家就回到了「家」這個核心團體，一切都只是在「自家」裡解決，但是倘若受害者是弱勢（如孩子，或是無經濟能力的妻子）呢？有沒有願意為他／她代言或出力的人？如果是像家庭內性侵或暴力事件，受害者的受害時間更長，而這又是「家醜」，

STORY 2

兒子的籌碼

張太太說自己晚年得子，但是這個孩子卻讓她傷透腦筋。之前為了讓兒子可以在課業上趕上其他同儕，因此讓孩子就讀私立學校，沒想到這個學校的家長都是經濟上非常優渥的，孩子們的3C產品汰換率很高，兒子為了要在同儕間不落人後，往往要求父母親買新機，或是相關的配備。張太太擔心孩子因此養成奢華、不珍惜的習慣，所以前來諮商。

張太太說，雖然她認為孩子的手機更換率不應該這麼快，但是兒子會以不同的手法要脅她、逼她就範，像是最早是以「熬夜」為手段，知道隔天要上學，母親擔心他的精神體力狀態，所以就明白宣告：「我今天就熬夜不睡覺，讓你們知道我很生氣！」果然兒子執行得很徹底，將房門一關，不應門，張太太說凌晨都還聽到兒子房間有人走動的聲音，她不想讓兒子上學沒有精神，因此她就妥協了。接著，兒子發現這樣的要脅有效，只要是要求的物品母親不允許買，馬上就使出不同「自虐」的方式，逼母親妥協！兒子接連使用過「不吃飯」、「不補習」、「不上學」，後來還冒用母親的身分到網路上購買物品。

我問張太太，張先生在這些事件裡的角色與反應，張太太說先生最後都會受不了而妥協，即使張太太這一關把關嚴格，但是到張先生那裡都會失守！也因為如此，張太太就硬是為兒子辦轉學，希望同儕間的奢華習氣不會繼續感染到兒子。「現在怎麼辦？」張太太說：「他說他現在在學校都沒有朋友，他要轉學回去原來的學校，每天都在跟我鬧。我先生說就轉回去好了，煩死了！」

我告訴張太太，因為兒子使用的方式每次都奏效，可見**兒子知道父母親的弱點、但是家長卻不知道孩子的「死穴」**——張太太很同意。可是儘管如此，接下來該怎麼做？

我先詢問張太太她擔心孩子什麼？她說怕孩子不知道珍惜、受同儕影響太大。接著我與她檢視了曾經使用過的方式，哪些效果較好？哪些效果不佳？然後，我請張太太回去做一些實驗，但是在這之前先讓張太太學會「堅定而友善」的態度，以及所謂的「破唱片法」，我也先提醒她**「事情變好以前會變糟」**，強調她要「hold 得住」。張太太下一次來時，神情愉悅，她說那個方法用過了，

諮商師的解析

在這個案例裡，可以看到家長為「子奴」（或稱「孝子」），真正擁有最高權力的是兒子，因此他可以為所欲為，兒子甚至不諱言父母親本來就「應該」賺錢讓他花。不知道家長聽到類似這樣的說法有何感受？孩子的價值觀是怎麼形成的？是同儕的影響居多？張太太很強調品格教育，尤其是金錢觀，只是兒子常常測試他們夫妻的底線，而且都會成功！

孩子是會測試父母親的底線的，家長若礙於面子或是太過擔心孩子可能的反應，就有可能輕易踏入孩子的陷阱，讓孩子為所欲為；這樣子不僅失去了父母親的自信，也同時賠上了教養的效果。比如一般家長不喜歡孩子在賣場或百貨公司前面鬧，擔心所謂的「面子」問題，或是別人對自己親職教養的評價，因此常常會遂了孩子的願（像是屈服、買了玩具），只要有這樣的情況發生一次，下一回孩子還是會用同樣的方式讓家長就範，這也是心理學所謂的「不定時增強」。

我先讓張太太與先生商議，取得先生的合作，然後以「一致」的態度面對兒子，因為**親職是夫妻兩個人的責任，不應該只是由誰主導，也不應該是固定讓某人扮黑臉、某人扮白臉，這樣子孩子就容易投機取巧**，而且與其中扮黑臉的那位關係會疏遠，這似乎不是我們想要的結果。張太太的無力感主要來自於「肩負」親職的主要責任，而丈夫似乎是「旁觀者」的角色，而當張太太在管教兒子遭遇困難時去找張先生商議，張先生的解決方式就是「滿足」兒子所要的，避免「麻煩」！孩子在這樣不一致的親職教養下，很容易鑽漏洞，因為他很清楚父母親的規定是不一樣的，這樣自然也讓負責教養那一方很容易「破功」，造成管教無效！

STORY 3

就是想洗手

張太太帶著女兒前來，她是一位生意做得很大的大忙人，在與諮商師晤談期間，常常要跑出去接電話。張太太說女兒喜歡洗手，而且情況越來越嚴重，她不相信女兒有什麼毛病，只希望諮商師可以趕快做處理，讓他們的生活回歸正常。

小女孩一進門，就有怯生生的表情，但是她的擔心或害怕不是來自我這個陌生人，而是那位忙著接電話的母親，彷彿要母親使眼色，她才會有接續的行動。雖然有些研究也支持母親與女兒的關係緊張是導致女兒強迫與焦慮行為的主因，但是我寧可相信事情會有轉圜的餘地。於是我決定開始做一些探索與治療。

首先我詢及小女孩的「洗手」情況，她說會連續洗二十多分鐘，因為有人叫她這麼做（幻聽）。接著我問那位母親：「我們平常也會洗手是不是？」母親的表情有些愕然，對於我邀請她進入治療感到意外，但是也有了合作動作，嗯嗯點頭。然後我對女孩說：「那麼，什麼時候妳會不理那個聲音告訴妳的話？」她提到上體育課以及做喜歡的事的時候（尋求例外）。我想這是很好的開始，於是繼續問：「哪些時候妳會洗手比較多？」她說是放學之後，在車上就很急著要趕快回到家洗手。接著我們就為「那個叫她洗手的聲音」命名，也談到下一回當那個聲音出現時，她可以怎麼做去忽略它，甚至抗拒它。一切似乎進行得很順利，而女孩子的焦慮也較舒緩了，但是那位母親卻很急：「這樣子要不要吃藥？」她前後有多次因為電話鈴響而步出諮商室，似乎沒有專心於女兒的情況。我於是告訴這位母親：「○○高中有精神醫師駐診，妳可以打電話去問問，如果醫師也願意與妳女兒會談，最好不過！」母親急急攜女走出去，連道謝的話也沒有說。

在這對母女進入諮商室時，我就開始觀察，接著也邀請母親加入，讓母親不要成為「局外人」，主要原因是：這位女孩若每週與我面談一次，她在家裡的時間很長，如果家長或家人可以加入治療團隊、協助女孩子的治療之路，可以預期效果更佳。然而這位母親似乎將治療責任放在我身上，而那種態度彷彿不想參與，讓我十分納悶。我在臨床工作上接觸到許多孩童，但是**孩子發病或是行為偏差，常常只是「反映」出家庭的問題，而不是「問題」本身**，這就是所謂的「代罪羔羊」。我在這裡不是說孩子的問題父母親要負責，也有許多孩子有「良」父母，卻不一定可以成就「良」子女，因為也要將孩子的特質與個性考量在內。

這位六年級的小女生在之前沒有過這樣的情況發生，突然之間行為發生改變，我認為「冰凍三尺非一日之寒」。從小女生在回應問題之前都要探看一下母親的反應或線索，我猜測母親對女兒的要求很高，女兒一旦產生類似強迫行為，可能是將自己的焦慮「表現」出來了，只是忙碌的母親沒有意識到這一點，而母親方面似乎也「誤解」了諮商師的功能與工作性質，好像期待諮商師可以「一次」就解決女兒所面臨的問題。

我不清楚這位女孩的家庭情況，因為只有這一次的短短接觸。女孩只是說明自己剛剛擔任班長，對許多事情有「完美主義」的傾向，想要把事情做到做最好，這當然也有自己性格的因素在裡面。會不會因為目前承擔重大責任而凸顯了自己個性中「不能忍受錯誤」所引發的焦慮？其實還需要花時間去做了解與確定。

曾有一位高三生，突然不去學校了，家長就急著找諮商師協助。母親是特別請假帶女兒來，據說是因為發生了「游泳池」事件（女兒在學校游泳，特別在胸墊底下夾上了幾張衛生紙，結果游泳當兒，衛生紙襯墊露出，浮在游泳池上，她羞愧難當，所以隔天開始就不去學校）。當然冰凍三尺非一日之寒，我懷疑事情沒那麼簡單！因為如果是因為學校適應不良，早就拒學了，怎麼會拖到這個時候？我猜想應該是家裡面有什麼事情，於是請母親也邀請父親與姊姊同來。

第二次，父親來了。我在走道上觀察他們一家三口的互動情況：夫妻倆攙扶著女兒慢慢往前，突然之間女兒手中的紙巾掉落，夫妻倆都彎腰去撿，彼此之間非常「客氣」，在讓來讓去，我想「這對夫妻是怎麼了？」丈夫先領頭進入諮商室，接著是母親與女兒，女兒緊靠母親，但是坐在夫妻之間。我問丈夫：「家裡發生了什麼事嗎？」他的說詞與前一次太太說的差不多，接著我問：「你們夫妻呢？」丈夫突然暴怒：「她（指著妻子）到底跟妳說了什麼？」他的妻子什麼也沒說過，我只是猜測可能是夫妻之間有長久的問題，而當女兒不小心發現自己的拒學或生病，竟然可以讓父母親像一般夫妻這樣好好相處（這也正是她所期待的），於是她就情願生病，因為這樣做她認為值得！

諮商師的解析

我多年的治療經驗發現：許多家長帶孩子來諮商，基本上都將孩子的問題歸為孩子「自身」的問題，希望治療師可以將孩子的行為做修正或「治好」。當我分析孩子的一些問題行為可能牽涉到更廣層面，甚至是家庭因素的脈絡時，家長大都會願意坐下來好好傾聽，接下來就願意與我合作，共同為孩子更好的生活品質做努力；少部分的家長因為自身問題未解，加上彼此感情不睦，來到諮商室聽到我的分析，就會更劍拔弩張，彼此攻擊怪罪，甚至會將矛頭指向我、說我不適任。我的目的當然不是歸罪於家長或其教養方式，而是希望家長可以體諒孩子的心境，願意去了解孩子行為背後的原因或動機，給子女與父母彼此一個機會去修復關係。

這位憂心的母親，常常帶著唯一的女兒到處求診，後來才找到諮商師詢問。

只是母親對於諮商師的「功力」有許多疑惑，也不願意配合治療師的處理，所以女兒進度不佳。女兒的強迫症不是突然產生的，大多與其原生家庭有關係。當我看見女兒在晤談時一直看母親的反應，就可以猜測出女兒是多麼「在乎」母親！是不是因為女兒都表現得很傑出，才可以得到母親的認可？而女兒所希望的「認可」是超乎這個的？女兒也許只希望母親可以多花一點時間陪伴她，不要老是要求她在學業上的表現而已？在我開始治療時，也將母親納入，因為我知道女兒與家人相處的時間比與治療師相處的時間更長，因此若能獲得家人的協助，預後情況會更佳！於是我在聽見女兒說自己常常洗手時，先用「一般化」技巧，先是詢問母親：「我們是不是也常在哪些時候洗手？」母親對我的詢問似乎很訝異，匆匆答「是」，接著我將女兒的問題解釋為「洗手時間或次數過多」，然而詢及其在哪些時候會有洗手的衝動、哪些時候洗手的指令不會達成？但是母親的態度始終是個「外人」，這也讓我很沮喪。

這位母親認為是「女兒有病」，需要接受治療，卻沒有思考到自己在女兒生病裡的可能角色或因素，這也是家族治療裡的一個大突破，也就是**不將問題歸咎為某個人，而是將問題本身的週遭脈絡也考量進來，看見有些當事人其實是家庭問題的「代罪羔羊」、突顯問題本身而已！**

曾有位家長因為兒子的「情緒問題」而來請教，我開口便詢及這位家長：「妳的情緒管理如何？」家長不好意思低頭笑了：「也不好。」於是我說：「所以先從我們自身的情緒著手如何？」這位家長與老師們都發現了兒子情緒管理的議題，但是只是針對孩子的問題做處理，卻沒有反思自己帶給孩子的影響為何？

孩子是家裡的一份子，理所當然認為對這個家負有責任，因此當父母不和、家庭面臨分崩離析之際，就會想要為家裡做些什麼。他們的做法雖不一定正確，可是有時候卻能夠「奏效」，因為至少轉移了父母親的焦點——讓他們從「自己」的問題移轉到「孩子」身上。只是這樣的做法當然最終還是無法解決根本的問題。

STORY 4

少奶奶養成計畫

小媛是緊急住院的病患，當時她的診斷是「急性壓力症候群」。二十九歲的小媛新婚不久就懷了身孕，婆家與娘家都期待這個孫子的誕生。也幸好是孫子，帶了「棒子」，傳宗接代有人。只是夫妻兩人在婚前只認識三個多月，丈夫是因為年紀老大，要給自家有傳承，妻子誤以為自己是嫁去當「少奶奶」，兩方都是動機不良！其實背後還有一股推力，就是小媛的父親。小媛父親眼看著女兒已經大學畢業多年，本來還支持她去國外進修，但是女兒念語言學校就很辛苦，一直吵說要回國，加上語言學校所費不貲，父親只好讓她回國，可是也不出去找事做，一直在啃老爸的老米飯；老爸輒有怨言，認為怎麼養個女兒要花費這麼多，而且還「不事生產」。所以當她認識了這個在公家機構做事的男友，家境似乎還不錯，也有兩棟自己的房子（後來發現都不是他的），於是就趕快促成婚事。

小媛婚後也在當地找不到事做，於是就等著懷孕，但是婆婆看不下去，三番兩次要媳婦積極一點，好歹找個生產的事做做。有一回「突擊檢查」，發現媳婦的日子過得太安適，家裡添了十幾萬的音響，自己躺著欣賞，於是就從兒子那裡下手，希望兒子可以想想辦法。婆婆也許是疼惜兒子的辛苦，或許也希望媳婦可以有事做不會無聊，但是這樣的訊息傳到小媛耳裡，不啻是一種侮辱，也嫌婆婆多管閒事！終於有孫子的消息，而小媛母親也南下替女兒坐月子，在這當兒也發現其實女婿不僅沒有自家的房子，目前住的這一棟房還是向親友租賃的，而女婿的弟弟離異之後，自己跑到國外去做生意，贍養費就由這位哥哥負責；小媛母親告訴小媛「嫁雞隨雞」的道理，因為婚姻是自己選擇，得要自己負責。接著，小外孫才滿月不久，有一天婆家就打電話來說小媛不知去向，留個孫子一人在家！這下非同小可！好不容易小媛弟弟打她的手機，發現小媛與他的對話非常奇怪，很不合邏輯，於是就叫她停留在原地，自己追去找人，發現小媛流落在臺北街頭，意識不清楚。

住院的這段期間，小媛夫家都沒有人來探望。過了幾天小媛父親發現女兒可以認人了，竟然就叫她回南部婆家去，他說：「女兒嫁出去了，是夫家的人。」小媛不願意回去，後來是小媛父母將孫子接過來養育，小媛也在娘家長住下來。

婚姻對她只是一紙契約，而她不想回去夫家，丈夫那邊本來也不願意離婚；畢竟目前只有這個子嗣。但因為妻子不在身邊，丈夫不久又有了「小三」，便想離婚爭孩子的監護權；小媛這方卻不要離婚，因為孩子以後還可以享有許多公務員父親的助學優惠之類，這樣一耽擱就是許多年。

詢及小媛之前所受的家庭教育，她提到家中很早就購買了大尺寸的電視機，父母親看電視時，孩子也在一旁看。父母親會叫孩子去寫功課，也讓孩子補習，但是對孩子在家的行為幾乎無法管束，小媛父親常常只會唸說：「我這麼努力賺錢養你們幹什麼？」此外，大兒子進入專科學校之後，女友不斷，每一回都會帶進家裡，父母親沒有阻止，也不做身家調查，他們認為這是「自由民主」的門風，只是兒子每一陣子就換女友，而每個女友都可以帶回家來過夜，父母親連一句話也沒有說。從小媛口中還知道，父親為了移民美國，常常過一陣子就去坐「移民監」，也是在那段時間與以前一位大學女同學聯絡上，兩個人有了婚外情——這是小媛發現的，母親也知道，父親的補償方式就是讓妻女有更奢華的生活而已。

諮商師的解析

在這個案例中，小媛不是單純的受害者。讀者一路看來，了解她結婚的動機不單純，也不想為自己的「立即」家庭做些付出與協調，而對方也以為小媛父親家產雄厚，以後可以依靠。接下來就是小媛父母親的「介入」干擾，讓這對夫婦的生活有了變數。讀者或許覺得很奇怪：小媛的原生家庭到底怎麼讓她有「過少奶奶生活」的想法？其實，小媛父親也是白手起家，後來掙了許多家產，但也因為如此，不讓孩子吃苦，孩子不聽話頂多是嘴上唸唸而已。我聽到這些小媛原生家庭裡的故事，才了解事態嚴重。

後來我接觸到小媛的兄弟，其中一位從二十歲到現在，不知道換了幾任女友，目前這一位算是最久的（大概一年多），但是他卻沒有成家、安定下來的打算，父母親也容許他帶不同的女友回家住宿，他說他不知道自己要的是什麼？也怕決定了之後後悔。我問他為什麼有這樣的想法？他說：「我媽那麼辛苦，我爸還不是外遇？妳看我姊，她一生中許多決定都是別人替她做的，後來她自己做的兩個決定（結婚與生子）結果都不好，現在夫妻兩個到底是要在一起還是分開？還沒有做決定。」如果以家庭治療的觀點來看，**這個家的「界限」是糾結的、彼此之間沒有區隔，因此父母親常常「撈過界」**，替孩子做決定，父母親也常常將彼此的事找個孩子訴苦，所以讓孩子擔負了超出其能力與角色可以承擔的壓力，而孩子雖然與父母親有較佳的關係，卻因為「自我分化」不足，無法營獨立生活，當然更不用說自己做決定。此外，加上這個家庭對於異性關係沒有「規矩」，讓孩子認為親密關係可以很「隨便」。

許多男性的觀念依然是「傳宗接代」，因為要「有後」而結婚，女性則是要有婚姻、要有依靠，卻沒有思考彼此在婚姻與家庭中的付出與責任，一旦婚姻出現問題，就只將箭頭指向對方，怪對方不好或有什麼毛病，最無辜的就是已經出生的孩子，在還不識事之前，就已經目睹父母的破碎關係，以後將要如何面對人生？

我在臨床工作上最常碰到伴侶彼此的家庭價值觀不同所導致的不合，許多伴侶就是邂逅了、陷入熱戀，很快就決定成家，卻沒有足夠時間去了解彼此家庭的成長經驗與家人相處的狀況，以為「成家」只是兩個人的事，殊不知結婚其實是兩個家族的結合，許多事都會彼此影響，只要簡單去思考一下過年過節的情況，就可以略窺一二。

STORY 5

硬ㄍㄧㄥ的龍鳳

我最近接了許多個案，都有個共同點，那就是：**不被父母親呵護的孩子**。這些已經上了大學的大孩子，往往是不可救藥的「完美主義者」，他們對自己的要求很高，也非常在乎他人對自己的看法，因此顯現出極度的自卑。後來追溯過往，發現他們都有過度苛責的父母親（或家長），或是不負責任卻要求孩子負起責任的家長，他們常常說的是：「我覺得我什麼都不是，我爸媽從來沒有給我鼓勵的話，我的表現從來就不能夠達到他們的標準。」

當孩子小時候不能得到重要他人的認可或讚許的時候，他們就會認為自己永遠不夠好，那種自卑、瞧不起自己的感受是很痛的。這樣的影響一直持續到成人。倘若這個成長過程中有其他人提供另一種「涵容」（holding）的環境給他們，讓他們感受到自己是被欣賞、喜愛的，也許這樣的自卑或自貶就不會繼續存在。

有研究指出：父母親之中若有一人讓孩子感受到自己是被愛的、被欣賞的，其實成長過程與結果都還不錯！怕的是孩子無法感受到父母任何一位的愛，這樣就很容易讓孩子沒有自信、自暴自棄，或是以殘忍的方式對待他人（希望他人也知道自己的苦）或自己（處罰自己，如自傷或自殺）。每個人都很在乎自己「在乎」的人是不是認同自己？如果在乎的人不喜歡或認可自己，那麼就可能會「豁出去」，不管後果。

我們的教育常常是「責成」意味高，家長會要求孩子表現完美，但是自己卻做不到，這樣子其實會讓孩子覺得讓父母親失望（因為自己不夠好），或是認為父母親太苛求！我記得一位小表弟在小三時，他父親就很嚴肅地對他說：「爸爸希望你可以讀到超博士。」九歲的小表弟可也不是「省油」的燈，直接嗆回去道：「你自己有博士嗎？」姨丈就噤口不語！這位小表弟雖然後來沒有拿超博士，但是他對於自己所作所為是非常負責的。當然，每位父母親都希望孩子比自己更強，因此也提供孩子更多的資源，只是「希望」有時候還是要配合孩子自己的能力與興趣，不能強求，要不然即便孩子達成了父母親期待的目標，但是卻不是自己想要的，那種心理上的煎熬就很可怕！

以前我曾經遇到一位智商很高、又很有自己想法的高中男生，大學聯考前他父親要求孩子以父親任教的學校科系為第一志願，但是孩子卻希望可以遠離家庭，為自己的未來努力，於是就填了另一個學校，結果父親強勢要求他重考，整天就在補習班，這位男生雖然認為上課無趣（因為他都會了），就自己去買多種版本的參考書來做，做完還會將參考書送給同學。後來是夾在中間的母親看不下父子的對立，偷偷把兒子送去美國。結果這位男生在美國獲得文理雙料博士，但是卻怕回國面對自己的父親。

諮商師的解析

父母親對子女有兩種愛，一種是「收手」的愛，其目的是希望保護子女免受傷害；另一種是「放手」的愛，知道孩子不是自己的分身，要讓孩子有機會去發展與成就自己的生命，因此願意忍受思念與擔心之苦，相信孩子可以找到自己的路。這兩種愛不會互相扞格，只在於「平衡」的智慧而已！

孩子幼年時，可能更需要父母親的保護，**當孩子行年漸長，父母親就要開始學會慢慢放手，角色也從守護者變成諮詢者**。有些父母親的愛讓孩子窒息，不能有發展自我的機會，一旦父母親不在身邊，孩子反而沒有能力生活，也因此有一句話說「能幹的父母讓孩子無能」。父母親再怎樣也只能陪孩子一段路，孩子的人生多半仍要靠自己走，因此父母親能夠給孩子最多的就是足夠的教育與正確價值觀。

我在上文所描述的這些孩子，不是父母親沒有鼓勵過，只是鼓勵的成分與責全的比例相形之下差太多了，才會讓孩子有「或全或無」（all-or-none）的思考，也否決了自己被愛的事實。

媽媽的保護傘

阿凱三十多歲，患有慢性的心理疾病，以前曾經在大學就讀時發作，但是治療的情況都沒有改善，所以他每隔幾個月就住院幾週做治療。阿凱說之前因為藥物無法調到適當的程度，所以他會斷斷續續服藥，這也讓他的行為失序。幸好目前換了醫師，藥物的使用也發生效果了，他可以較為正常作息，只是因為自己還在就學中，所以出門的接送還是仰賴母親。

阿凱很感謝母親的不離不棄，才讓他有今天。只是畢竟自己都已經三十好幾了，還在依賴家裡，覺得自己不像一個可以承擔責任的長子。他也希望自己可以在這幾年間參加國家考試，有一份糊口的工作，減輕母親的負擔。阿凱很少提到自己過世的父親，只是偶爾說父親是退休公務人員，也曾運用過自己的人脈要協助阿凱就業。阿凱很想過正常的生活，可是他的病卻是最大的阻礙，他常常獨自一個人在校園遊走。阿凱也很希望自己可以獨立生活，不要像現在總是由母親接送，但是母親不想讓他騎車、怕出意外，阿凱就常常與母親爭執。

在了解阿凱的病史之後，與阿凱談話就比較容易瞭解他的脈絡。他的思緒常常受到干擾，偶爾也出現一些誇大不實的幻想，但是有個人陪他整理思緒總是好事。之前曾與阿凱的母親三對六面談過，我可以了解寡母帶著生病兒子的辛苦，然而說要讓她放手又談何容易？她也擔心自己往生之後，女兒會不會照顧弟弟？

阿凱在高中時期發病，後來就醫過幾次，慢慢完成學業，只是不能擔任自己原本想要從事的教職，因為自己的心理疾病可以請領殘障手冊，所以他想要投考相關的公職考試，為自己謀得一份安定的工作。阿凱說雖然自己生病，可是還是可以儘量過想過的生活，現在在醫師與諮商師的協助下，他希望自己可以有更好的生活功能。

同樣與阿凱的情況類似的阿真，就沒有那麼幸運！阿真也是在高中時發病，但是擔任教職的母親不願意承認自己的兒子生病，也沒有做積極治療。阿真進入大學之後，獲得學校教職員的協助，開始規律看醫師、服藥，同時也接受諮商師的協談治療，只要阿真需要的任何協助（包括生活與課業上的），學校老師與相關人員都會傾力協助，因此阿真在學校的表現就步入正軌。但是老師們也發現，只要阿真一回家，再回到學校，整個人的狀況就不對勁，全身髒兮兮的沒有洗澡，精神也渙散。原來是回到家之後，母親就把他的藥給扔了，還堅定地告訴兒子他沒有生病、不需要服藥。這樣反反覆覆幾次，終於也熬到阿真要畢業的時間了。

因為阿真未來要擔任教職，因此需要去實習，所以學校特別為阿真開了一個個案會議，也邀請其母親出席。但是阿真的母親拒絕了，因為她已經決定讓阿真在自己目前任教的學校實習，這樣她就可以協助阿真，也會努力讓阿真在自己學校任教。只是學校醫師與老師們擔心：阿真的母親總是會退休，屆時誰來協助阿真？況且阿真最大的困難就在於面對人群，教學是要處理許多與教育相關的事務，阿真在這樣龐大壓力下，該如何因應？會不會因此而讓其病症更為嚴重？學校開會結果出爐：不想要「耽誤」阿真的前途，所以還是放手讓阿真去實習。

兩位母親的想法與作法不一樣，但是都是為了保護孩子。阿凱的母親不願意放棄孩子的生活，所以積極讓孩子融入正常的生活，也努力尋求可用的資源。阿真的母親希望將孩子保護在自己的羽翼下，但是又不願意去正視孩子需要的醫療與心理協助——她會撐得很辛苦，而孩子是否能在她的保護傘下養成該有的生活能力，以後獨自生活呢？

諮商師的解析

很有趣的發現，阿凱與阿真在生病的過程中，父親都是缺席的，不管是實質上的缺位、還是功能上的缺席，感覺上都是母親在一肩挑起照顧孩子的責任。我知道這些青春期階段的男性，其實很需要父親角色的楷模與協助，然而此時也正是他們中年父親在事業上有成，卻較少機會與子女接觸的時候。

阿凱與阿真都是在青少年期發病，除了有潛在的家族史外，主要還是因為青春期面臨的許多發展任務與社會壓力，會促使潛在疾病的發生。沒有正常的父母親希望自己的孩子生病，只是有「病識感」的家長會讓孩子獲得適當的診治，讓孩子也可以自己獨立過生活。現在醫學科技進步，絕大多數罹患心理疾病的人可以正常過生活，倘若可以獲得適當的協助，生活一樣可以過得自在，只是許多的民眾與家長的觀念還是停留在以前的年代——認為心理疾病的人都是依賴人口，要豢養在家裡或療養院內。如果身為病患家長，還是保有這樣的落伍觀念，甚至認為是「家庭之恥」，可能就不會讓患病子女獲得適當且正確的醫療，這樣是讓誰受苦？耽誤的又是誰的人生？

許多類似的心理疾病患者因為不被了解，所以忍受了許多社會的污名（額外加諸的惡名），當然也受到許多不公平的待遇。想想看：沒有人願意生病，成為家人或社會的負擔。因此，如果我們的社會對於心理疾患有更多的認識，對於心理疾患者有更多的寬容，給予更多的同理與協助，相信我們的生活都會因此更美好！

STORY 7

我只是不一樣

阿楷在高中時才被診斷為高功能自閉症（或稱「亞斯伯格症」），在此之前母親帶著他到處去求診，受了很多苦。早年那個時代，家裡如果出現一個「不一樣」的孩子是會受到社會奇異的眼光看待，包括父母親與家人。阿楷的母親在三十多歲生下他，在孩子滿周歲時她就感覺孩子跟其他人不一樣，只是當時的醫藥不是非常發達，尤其是精神科或是身心科的醫師也不常見，因此阿楷的母親也是只要聽到有相關的訊息就追著帶孩子去看醫師，吃了不少苦，也受了不少罪。幸好丈夫沒有將罪過歸咎給她，但是基本上也沒有積極配合，還曾經說過就讓孩子住進療養院，終其一生。但是阿楷媽媽沒有放棄。

阿楷進入小學之後，遭受到許多老師與同儕的欺凌，老師覺得他奇怪，同學認為他是有病的孩子，不願意跟他玩。阿楷也不知道是怎麼一回事，在學校莫名被推倒或是受傷，也都不知道要開口對家人說。阿楷媽媽常常在兒子身上發現傷痕，又是難過生氣、又是心疼，去學校找老師好多次，老師也不願意特別照顧阿楷。等到阿楷進入國中，有同理心的同學更少了，也只有一兩位同學會對他好。

雖然也有導師，但是不像小學時那樣對班上很了解，阿楷媽媽也在家附近找了懂得一些特殊教育的大學生來協助，這位叫楊寬的大學生就開始與阿楷家人商議該怎麼協助阿楷學習與過生活。

阿楷媽媽記得第一個兒子送他的母親節禮物，那是他上國二的時候。阿楷的家教老師楊寬陪同阿楷去花店買花，也選購了一張卡片。楊寬的教學策略很簡單，就是讓阿楷去嘗試錯誤，慢慢有膽量去做，他不希望阿楷只是接受保護，沒有免疫力，畢竟阿楷往後還是要自己經營獨立生活。楊寬也在教學中發現：雖然阿楷的數學奇差，但是有過目不忘的記憶力，所以只要做過的數學，他也可以背下來，而英文就變成他的強項。阿楷高中念的是職業學校，成績雖然差強人意，但是終於可以達到畢業的門檻。楊寬開始觀察與注意阿楷的優勢，也讓父母知道該怎麼協助自己的孩子。阿楷後來也向母親表示自己希望像哥哥與妹妹那樣去念大學，阿楷媽媽苦笑道：「怎麼可能嘛！」楊寬與阿楷媽媽商量：「如果可以，不妨讓他去選讀空大的學科。」高中畢業之後就要考慮到未來的生活，阿楷媽媽本來要讓阿楷去學刻印或是照相，但是楊寬認為，這個行業已經不流行，而且傷眼力，加上現在科技發達，連傳統的照相業也漸漸要被電腦所取代，建議讓阿楷去學習其他的。正好當時政府針對身心障礙者開放了一些就業名額，阿楷是從半天工慢慢升遷到現在的全時工，而且還有退休金。

有時候阿楷媽媽也會沮喪，擔心自己兒子學不會。可是，不去試試又怎麼會知道？最後還是狠下心來，放手讓阿楷去嘗試。阿楷雖然學得慢，但是學過了就會；阿楷雖然不擅言詞，也沒有朋友，但是至少還有相信他的同事與長官。阿楷媽媽每一年還會利用阿楷的十四天假期，帶著他到世界各地去遊玩，截至目前為止，阿楷去過的國家不下十五個！

阿楷媽媽說：「**我兒子不笨，他只是不一樣。我們每個人不也是這樣？**」我從這個故事中看到阿楷媽媽的「不放棄」其實就是最大的支持力量，幸好她堅持，即便是連丈夫都不支持的情況下，她還是認為她的兒子會有所作為。這些年來，阿楷媽媽見證了自己的相信。

諮商師的解析

許多家庭在家裡出現身心障礙兒的時候，總是擔心社會的污名——別人會怎麼看我們？是不是我們前輩子做錯了什麼、造了什麼孽？我們的孩子未來要怎麼立足在這個社會？他／她會不會有朋友？有沒有工作？有沒有人願意嫁／娶他／她？接著很現實的問題就會面臨：該怎麼樣幫助孩子？要讓他／她受教育嗎？如果被欺負怎麼辦？老師會怎麼看我們、怎麼對待我的孩子？我可以要求老師善待我的孩子嗎？

在阿楷的案例中，阿楷媽媽很堅強，也不相信孩子只能在療養院過一生，她幸好遇到了楊寬這位家教老師，願意與她商議、合作，讓阿楷可以像一般人一樣去接受教育、接受磨練，他們拒絕讓阿楷躲在保護傘裡，而是學會去勇敢面對人世間的現實，也從挫敗與羞辱中學會智慧與能力。家中有一位「不一樣」的孩子，很多家長先是責怪自己，接著就消極以對，但是即便是智能較弱的孩子也可以過獨立的生活，何況阿楷還是高功能的孩子，只是較缺乏社交技巧與人際智慧罷了，這些也都可以慢慢訓練與學習，不需要很快就放棄。

阿楷的父親早期也有放棄的念頭，後來開始會支持阿楷媽媽的許多決定。其他的手足雖然在之前會覺得母親偏心，或是因為有這樣的兄弟而感覺羞愧，但是阿楷媽媽都給予適當的安撫與教育，也慢慢讓孩子知道該怎麼協助阿楷，這樣的家庭動力才是讓阿楷可以安心成長的主要因素。

STORY 8

親情兩頭燒

與丈夫都在科技業上班的周小姐，最近為了同住的母親與兒子相處的問題前來。她說，因為離婚後的母親替她照顧女兒已經十多年了，而兒子則是大半時間獨來獨往，因為他們夫妻倆也管不動，所以只要兒子沒出事，就以為天下太平。但是母親認為孩子不能夠這樣放任不管，社會新聞裡也常常出現逆子或逆女，因此只要母親看不過的地方都會說上一兩句，但是兒子以前只是不吭聲，現在上了大學就直接回嘴。周小姐認為自己母親說話的口氣不對，所以兒子才會受傷，她也認為母親捏造許多事實，讓自己的兒子看起來很糟，雖然母親說：「我會故意這麼說嗎？他是我孫子，我是為他好。妳讓自己的兒子從高中開始就常常第二天凌晨才回家，這樣對嗎？」周小姐說因為她用說的，兒子也不理會，管了，只會讓母子感情不好：「我也有錯，以前我只顧著賺錢，因為我丈夫的工作不穩定，現在人又在大陸，我是犧牲了外派的高薪工作，回到臺灣來的，希望可以讓孩子覺得安心一點，但是我現在每天只覺得煩躁。」

問她最近是不是發生了什麼事才會來找諮商師？她有點不好意思地說：「那

天我媽叫我兒子吃飯，但是我覺得她口氣不好，就跟我媽吵，我說她對我兒子有偏見，可是我媽說她提的都是事實，只是我兒子在我面前都表現正常，私底下卻是另一回事；我更生氣。我媽說自己活不下去了，她認為是我要趕她走。其實，我真的很為難。我是需要我媽幫忙的，至少她把我女兒教得很好，家事幾乎都是我媽在打理，但是我媽跟我兒子的關係喬不好，這樣的生活更糟糕，每天都有壓力。」周小姐說她母親不是沒有去處，只是因為自女兒出生開始就照顧她，感情很深厚，她也清楚祖孫倆的關係緊密，只是兒子那邊是另一個大問題。

我後來詢及周小姐的原生家庭，她說雙親分居幾十年了，母親是離家出走，後來是因為孩子才接母親一起同住。周小姐對於自己母親仍有幼年時候被拋棄的陰影，所以她試圖以迥異於親生母親的方式來對待孩子，未料卻有這樣的憂慮與後果。

周小姐對待兒子沒有親職的尊嚴，但是她將罪過都攬在自己身上。她想要孝順母親，也想要給兒子愛，但是現在卻兩邊都不討好。周小姐認為是母親偏心女兒，所以兒子吃味，我問周小姐：「那妳自己呢？妳先生呢？是不是因此而更偏袒兒子？」周小姐啞口無言，她說的確自己與丈夫因為長年不在兒子身邊，所以只要在家就會都聽兒子的，可能自己有先入為主的偏見。

我們的諮商目標是**讓周小姐把自己的親職主權拿回來**。

諮商師的解析

老人家在一個地方待久了，生活機能與人脈很固定，要她重新去適應新的生活是有點不人道，周小姐也希望可以孝順母親，只是兒子上了大學還是住在家裡，而且兒子也將衝突表面化，甚至不顧他人感受，因此祖孫二人發生的衝突就會增加。

周小姐因為兒子與自己母親有衝突，這其實就反映了教養上的矛盾。教養應該是父母親的工作，但是當父母親沒有執行其功能時，其他人的越俎代庖自然效果不彰，也容易引起反彈。不少隔代教養的祖孫家庭，父母親那一代不是喪失功能就是消失不見，讓應該是寵孫角色的祖輩必須要肩負起教養的責任，這樣自然會有許多的角色衝突。當孩子還年幼時，可能情況不會太糟，孩子也會較聽話，然而隨著孫輩年紀漸長，也開始有自己的想法與交友圈，加上祖輩年歲已大，許多事力不從心，無法像以往那樣有效約束或管教孫輩，孩子的行為出現偏差通常就是祖輩的最痛！

周小姐與母親之間對兒子的教養有極大落差，周小姐放手，老母親認為應該要收手。只要雙方有衝突，周小姐就會站在兒子的立場，這樣當然也會讓老媽媽覺得自己女兒是非不分、教子不當！周小姐也承認自己可能因為在兒子成長過程中較少陪伴，因此是帶著「補償」的心態對兒子，對兒子的教養雖然很想用力，但是不得其法，她最常使用的方式就是勸說，但是自己心知肚明根本無效，因為兒子只是在她面前唯唯諾諾，行動上不會跟進，加上目前兒子已經成人，周小姐要介入管教有點為時已晚。然而，周小姐還是可以對兒子有些約束，其一是讓他搬進宿舍，不需要每天回家。其二如果兒子出現不禮貌或不尊重的行為，則限制他的金錢使用，以收回特權的方式來做處分。兒子已經成年，可以選擇搬出去住，父母親可以提供一些財務上的支援，但是有其限度，倘若兒子想要享受在家的一切便利（包括有人替他洗衣服、煮飯給他吃），那麼相對地也要付出代價，包括家事的分攤以及對長輩的基本禮貌。

STORY 9

壞掉的王子

五十歲的王太太來中心求助，她說現在念大一的兒子被學校退學之後，每天就窩在家裡打電動，感覺就像個「廢人」一樣，她不知道該怎麼辦好？以前他們夫妻倆認為只要兒子功課好就沒事，但是課業傑出的兒子第一次大考失利之後，花了幾十萬元讓兒子繼續補習，雖然翌年順利考上自己想念的學校，但是他們根本不知道兒子在做什麼。王太太說以前自己娘家的人也提醒過他們：只是功課好，並不代表什麼，一個人的人格與修養最重要，還要習得一技之長。他們夫妻倆以為兒子既然上了大學，一切都會很順利了，結果兒子每天還是徹夜打電動，課也不去上。自從國中以後，他們夫妻就沒有看過兒子的成績單，以為兒子會對自己的成績負責就應該沒問題，但是兒子的成績其實都是靠補習班打造出來的，他根本沒有自己獨立學習的能力。上大學之後，增加了許多的合作作業，兒子根本無法與人合作，於是就自暴自棄，最後連課都沒去上。

兒子是個聰明人，在發現自己已經達到被退學的門檻前，就開始抱怨自己不快樂，因為別人不了解他，把許多的過錯都放在別人身上。王太太因此還特別請了假，陪兒子四處去見醫生，甚至求神問卜，最後兒子還是逃不了被退學的命運。兒子自此一蹶不振，每天還是晨昏顛倒，以上網遊戲為唯一樂趣，連他弟弟都看不下去。王太太說，他們巴望這個長子替他們揚眉吐氣，沒想到現在卻是他們最大的「負債」，反而是一向「自立自強」的次子，變得成熟而穩重，王太太說：「要不是我還有這個小兒子，我真的活不下去了！」

王太太所提的大兒子，我在其他家長那裡也聽過類似的故事。網路世代的孩子，有些禁不起現實生活的試煉，寧可生活在沒有責任與壓力的虛擬世界，也因此常常變成待在家裡、走不出去！當然許多網路世代的孩子並不是如此，當他們走出家庭，到大學校園裡生活時，開始去探索、發展自己的視野與能力，絕大部分都成為社會的棟樑。王太太的兒子，就誠如她所言，是一個集所有寵愛於一身卻不知感激與反省的年輕人，因此當他遭遇到挫敗時的第一個反應就是為自己找藉口，只是這些藉口只適用於自己的親人（在這裡是父母親），卻無助於培養其獨立與快樂生活的能力。

兒子待在家裡越久，王太太越受不了！以前還有娘家的媽媽與姊妹們可以哭訴或商量，現在根本沒有人願意聽她說，因為大家之前都警告過她，也協助出點子，甚至做了一點干涉與介入，但是都無效，而王太太坦承：「都是我把兒子慣壞了，現在**他變成一個壞掉的玩具，不知道還能不能修？**」

還有一個案例也差不多。三十歲的小楊怪罪母親「讓」他去大陸工作，他覺得在那裡的生活很無趣，但是因為簽了約被綁住，若視違約就要賠償。做母親的很無奈，她說：「當初因為國內景氣不好，剛好在大陸有一個不錯的工作，所以就鼓勵他去了，沒想到他現在過得不順利就怪我。我想乾脆給他一筆錢賠償了事，省得他每天怪我。」

諮商師的解析

在第一個案例中，王太太是來求助的人，我邀請她先生前來晤談，卻被嚴詞拒絕，因為她先生說：「是我太太的問題，跟我無關！」兩個人所生的孩子，怎麼會與先生無關？

王太太的長子，事實上就是被慣壞的孩子。王家父母親將孩子的學業成就當作榮耀，因此孩子就拿自己的成績來作為籌碼或是要脅的武器。但是，家庭培養一個對社會有用的人，不是只有學業成績而已呀，還有做人處世的道理與智慧！

三十歲的小楊也是網路世代的一個典型案例，起初是母親也鼓勵他先找工作做做看，反正騎驢找馬，不要無所事事，然而他在大陸工作受挫，就把責任完全歸罪在母親身上，惹得母親似乎要為他的一切負起責任！

家長要有自己的智慧，孩子在父母親的屋簷下生活，就得要遵照父母親的規則，因此儘管孩子想要享受、過好日子，但是仍然有應該盡的責任與義務，主要是看家長想不想下手。曾經有位孩子告訴自己家長：「我是為你們念書的。」做母親的聽了真是一肚子火，但是按捺住道：「我現在沒有要求你念書了，你可以出去打工養自己。」青少年的兒子摸摸鼻子就走開，再也不敢說出無理的話！

STORY 10

泡沫的人生勝利組

建中與臺大畢業的審計師張彥文當街砍殺前女友致死案件發生之後，吳小姐趕來求助，她說她的兒子阿勝跟張彥文有異曲同工之妙，她說她與丈夫都管不了兒子，有時候夫妻相對啜泣，覺得自己好像只是提供兒子物質生活的勞工而已！吳小姐還說兒子曾經跟他們說，他是一個獨立的人，不要他們管太多。兒子念國中的時候，有一次爆發兒子與丈夫的衝突，吳小姐也擔心自己碎碎唸反而對兒子造成很大壓力，所以也就噤口不言。吳小姐說：「我想我的兒子很聰明，應該感受到我們對他的愛。」因此吳小姐夫婦就開始不對兒子的任何行為做干涉，事實上他們也管不著，因為兒子不會聽他們的，說了也是白說！有位藝人的兒子因為販毒入監，吳小姐說公公那時也擔心孫子會幹出壞事，因為太寵他了！吳小姐當時還很生氣，認為公公拿自己兒子跟一個犯罪的人比，真是太侮辱人了！但是現在吳小姐的想法有了改變：「我現在認為不無可能。」她說張彥文案件之後，她真的認為兒子可能就是下一個。

吳小姐在諮商室哭得唏哩嘩啦，她很後悔自己當初沒有細想後果，現在兒子很宅，除了出門跟朋友打電腦遊戲之外，也很少看兒子去上課。有一回她只是問一下兒子：「今天不是有課？」兒子就白她一眼，嘴裡還吐出穢字，吳小姐當時嚇了一大跳，幾乎呼吸不過來。「我們這麼努力工作賺錢，提供他好的生活，他卻是這樣回報我們！」吳小姐說：「我先生也已經放棄了，他現在去大陸，能夠不回來就不回來，因為一看了就生氣。」我問吳小姐，有沒有擔心先生外遇的問題，吳小姐說：「為了這個唯一的兒子，我們夫妻不同房已經很多年了，他又在大陸工作，有外遇是很自然的。」言下之意好像很自責也無奈。我當下想：「如果這個兒子不可靠，丈夫搞不好已經有其他的孩子了！」吳小姐說自己真的快要悶死了，因為孩子的事又不能對自己家人說，同事朋友也認為她是「人生勝利組」，丈夫會賺錢、兒子也會念書，只有她知道一切都是表面的、假的，光鮮的外表下是醜陋的內在啊！

「鄭捷事件之後，我真的很想去看看他的父母親，告訴他們，沒有父母親希望培養出這樣的孩子來危害社會，**可是有時候父母親都做了該做的，孩子還是長**

他自己的樣子，你說該怎麼辦？」

吳小姐說自己真的是走投無路了，今天特別請假來找諮商師，她真的不知道該怎麼繼續跟兒子相處，成天的焦慮與擔心，已經讓她得憂鬱症了。

諮商師的解析

吳小姐的情況不是單一的，而是目前許多父母親必須要面臨的問題。我在許多演講場合問在座的家長，他們是如何限制孩子的上網時間？八成以上的父母親回答道：「上學的時間都有控制，但是星期假日或放假時間就沒有了。」根據研究，青少年只要一日上網時間超過四小時，就很容易網路成癮，「成癮」就像吸毒一樣很難戒除！

做父母親的終究要放手讓孩子飛，吳小姐當然可以放手，只是她放得太快了。青春期是最需要協助與指導的時候，父母親的影響力還是存在，有時候**青春期的孩子是為了反對而反對，不是因為對或錯，但是家長還是要把持得住，有一定的底線不能退讓！**我問吳小姐，可不可以先從財務上面的限制開始？「可是萬一他去偷去搶怎麼辦？」我分析道：「一、他要有足夠的膽量；二、萬一如此就讓法律、社會去制裁他。」吳小姐還是有遲疑，她覺得這樣行不通，也不願意配合。後來我也發現吳小姐真的是太溺愛孩子了，他們夫婦幾乎是在孩子還沒有想到之前就先替兒子把事情做好，兒子就將這一切視為理所當然，這樣教育下的孩子一旦出了社會，一定會遇到挫折，而且會馬上縮回去，可能會成為典型的「靠爸族」，屆時家長就會更頭痛了！

「愛之有道」的確不容易，卻也是正確教養必得要遵守的基本原則。

跨越親人相處的坎

只顧自己好的父親

小琪因為參加一個工作坊，提及自己的原生家庭，當場痛不欲生，所以前來求助。小琪家中有四個孩子，她排行老二，她認為父親那一邊的家人影響自己很深，因為自小就住在一起。阿嬤最不喜歡他們這一家，卻選擇跟他們一起住，何況父親也不是長子。她經常聽到阿嬤說：「我就是故意來住你們家，然後就是要你們侍奉我這樣。」阿嬤有時候會去附近姑姑家玩，一直到母親將晚餐煮好，叫小琪去姑姑家請她回來吃飯，阿嬤就會故意刁難、給臉色說：「我不想回去吃，你們自己回去吃。」阿嬤也會跟媽媽講說：「不用給孩子吃這麼好啊，妳買那個肉鬆做什麼？」阿嬤的偏心也幾乎不遮掩，像是做衣服給姑姑的小孩，但是小琪這一家的卻沒有。即便有糖果給小琪他們，口氣也相當不耐煩，好像是在施捨，即使父親也在現場聽到，但是小琪說：「我覺得我爸爸從來不做什麼。」父親基本上是站在「事不關己」的立場，這更讓小琪心灰意冷。然而叔叔伯父那邊卻也沒有善待他們：「他們經常會去批評我們，最常聽到的就是『垃圾』（臺語）啊！」

父親也常對小孩用「垃圾」這個字眼，「媽媽說阿嬤不喜歡她，嫌她嫁過來時沒有嫁妝。」小琪也常聽到雙親因為經濟問題吵架，通常是因為父親會買自己喜歡的東西（都是一些不必要的嗜好），但是阿嬤就會在旁邊故意說：「啊，人家賺錢是不能花嗎？」因此小琪印象中就是媽媽會出去打工，孩子也會跟著去打雜、工作。父親工作完回到家，不是窩在自己房裡玩自己的郵票，就是出門會朋友，幾乎都不跟孩子接觸或談話。只要是嫌孩子們吵，父親就會抽皮帶打，也不會問發生了什麼事。

小琪曾目睹父親將姊姊吊起來打，也曾看過父親要將弟弟往外摔，幸好摔下來時母親接住。她覺得很害怕，所以她一直都表現得很乖巧，怕自己不小心遭殃。小琪說父親平時不太理會孩子，卻很喜歡在親友面前炫耀孩子會讀書，彷彿都是他的功勞，但是卻沒有任何的貢獻。父親後來有外遇，還被仙人跳，都是母親拿錢出來擺平。父親第二次外遇之後，母親就決定離異，而孩子們也都支持她的決定。其實造成父母親離異的最重要原因是：父親擔任互助會頭，但是卻付不出會錢，房子就被查封，幸好是姊姊買房子讓母親有棲身之處。但是親友不知道父親外遇的事，卻以為子女為了金錢而不跟父親往來，極為不孝；但是也是子女在扛父親留下的債務（會腳都是親朋好友）啊！小琪覺得這樣的誤解更令人難受、心寒！

從自己的原生家庭談到目前自己的家庭，小琪認為男生只顧享受。她常常覺得為什麼都是自己在忙家事？難道她沒有想要去做的事情？好像她沒有屬於自己的東西——這樣對照之後，小琪與丈夫之間的關係就不像之前那麼緊繃，畢竟丈夫不是她的父親，她不應該帶著有色眼鏡去看他。小琪後來也理解到父親在自己的原生家庭中其實是被忽視的人，所以他必須要用子女的一些東西來做補償。小琪認為父親的自私、只顧自己是有原因的，因為他在家是被批評的，所以他必須要找到他可以發揮的地方，也只有外面的人會以不同的眼光看他，不像他在家裡那樣沒有地位。

諮商師的解析

小琪在年過中年之後，參加過一些成長團體，才有機會回頭檢視自己的原生家庭帶給她的影響。

我們一般人深怕負面的事件會讓自己更受傷，因此都想盡辦法企圖掩飾或壓抑，但是曾經發生過的事與傷痛，怎麼可能消失不見？總是蟄伏在心裡某個地方蠢蠢欲動，只要我們稍不留心就會鋪天蓋地而來，那時候造成的後果更不堪設想。諮商師在進行類似這樣的傷痛事件，先是讓當事人的心境可以較為平和，從另一個角度來觀察發生過的事，然後討論這些經驗對自己的影響。接著諮商師可以問這樣的問題：「當初你／妳因為年紀太小而做了選擇，讓這些過去影響你／妳的生活，現在你／妳已經成人，擁有自己的獨特力量，也有機會重新做一次選擇，你／妳可以選擇讓這些經驗影響你／妳多少。」小琪當初不太理解，後來她

STORY 12

泡在酒精中的父親

小儀家中有三姊妹，她排行老二，她覺得父母相處的方式讓她很受傷。「因為他們從（我）小時候到現在，總是在吵架。然後我覺得起因是我爸的關係，他是一個很不可理喻的人，因為他非常喜歡喝酒。酒這個東西真的造成很多困擾，因為他只要一喝酒就會打我們，或是打媽媽，就暴力的那一種。」小儀說父親只要一喝酒，而家人又與他有衝突時，就會隨手拿東西砸人，小時候半夜十一、二點孩子都入睡了，父親若是發酒瘋，還會將孩子自床上挖起來訓話。酒雖然是一個因素，但小儀認為父親本身也有關係：「他不會去克制他自己。」母親以前不會反抗，但是父親藉著自己是「一家之主」的大男人，認為都是他在養妻兒，幫他們工作、賺錢，但是在小儀眼裡他卻是個十足的廢物。

小儀認為父親眼中只有他的酒肉朋友與原生家庭：「他永遠把我們老婆跟小孩放在一邊。」小儀印象中的父親都是喝完酒回到家打媽媽與小孩，即便沒喝酒回到家與家人也「幾乎沒什麼互動」。小儀高一時，母親因為覺得父親「太廢了」，為了顧及家人生活與孩子教育費，她只好出來工作，也因為搬重物關係，力氣越來越大，小儀形容是：「比較有生意人的氣魄啊！」母親似乎是在這個時候開始長力量。

父母親不離異是因為「孩子」，但是小儀不同意這樣的說詞：「為什麼因為我們三個，然後要忍受這樣的婚姻呢？」母親會找小儀訴苦，因為姊姊較冷漠、較重視自我、功課不好，妹妹又愛玩，但是也因此讓小儀覺得壓力很大！母親也一直在看小儀的表現，三姊妹中她成績最好，母親因此寄望較深。妹妹會與父親正面衝突，因此被打得最慘。母親自從工作之後，似乎也重拾了自信，有一回父親又發酒瘋打小儀，母親氣急敗壞將父親摺倒在地，還掐住父親脖子，此後父親就不敢再打母親。

在小儀眼中父親就只是出一張嘴，什麼都沒有做。小儀從小就思考為什麼自己會生在這樣的家庭？而父母親為什麼會這樣？但因為自己無法改變，所以只好認命。

小儀說自己從國中開始就不想回家，寧可留在學校跟朋友待久一點，很怕回去面對千篇一律的爭吵。整個家庭的氣氛很不好，也覺得讀書沒有意義。母親會罵她都不讀書，有一次母親說她「很不孝」，這一句話衝擊小儀很大：「她邊哭邊罵我，然後我就選擇忽視她。……是你們父母的關係，所以我們才會這樣。」不想念書的情況一直延續到高三才改變，小儀才開始去思考大學要幹嘛。

小儀說她認為男生比較噁心，也認為女生不應該當個弱者。小儀認為母親是一個堅強的人，雖然還會在暗中哭泣。她會安慰母親說：「反正再過幾年爸爸老了，我們就『放他去』（臺語），我們也不想養他。」小儀說在念國高中時還想與父親溝通、勸父親少喝酒，但是父親會大聲喝斥。父親連在工作中也會喝酒，而父親整個家族也都愛喝酒，似乎也不是小儀獨力能改變。

目前家裡的情況是母親做生意，小儀假日回家幫忙。母親在某方面也要仰賴父親的協助（母親謂之「利用」），因此維持現狀可能是最好的，但不排除雙親會離異的可能性。小儀私底下認為母親離婚後會「快樂很多」。小儀現在仍會與父親有互動：「我覺得只有在他沒有喝酒的時候是可以講話的。」

諮商師的解析

小儀的雙親長年都在爭吵中，給孩子的負面影響最大。已經有研究證明：**子女在父母親長期不和的情況下，承受最多的壓力，也會有最不好的後遺症，反而是雙親之一死亡或是和平分手的，子女的適應較佳！**子女是從父母親而來，血脈的關係讓他們不能偏袒任何一方，卻也因此受傷最重。小儀的姊姊變得冷漠，可能就是她的防禦機制，要不然總是有感受，也會傷害更重。妹妹採取的是直接「槓」上，結果傷害最直接而明顯，小儀企圖想要做比較建設性的處理，卻讓自己很累。

家暴絕不會是酗酒的後果，而是借用酒精給自己壯膽，做出平常不會做的事，而且還有正當理由可以推託。小儀的觀察是對的，他認為是父親的情緒控管問題，有暴力行為的人常說：「是他／她惹我的，要不是他／她逼我到極處，我是不會動手的！」這是典型的推託之詞，因為自己不想負責任。小儀的母親也因此必須要硬著頭皮，為自己與女兒們的生計打算。

雙親不和，會讓孩子思考到自己的存在到底是為了什麼？只是雙親一時的激情，卻讓他們必須要承受生命的這些辛苦嗎？小儀說她不相信男人，其來有自，而面對自己是女兒身，希望自己不會是一個弱者。父母親自己的問題都無法處理，牽連到的豈止是自己而已？還有孩子，以及孩子的未來！

「會反省的父母就是好父母」，這一句話一點都沒錯！只有雙親願意檢視自己，才可能有改善的行動，要不然只是怨懟對方、原諒自己，全家人都會受苦。

我鄙視我的父親

阿成對父親很不能諒解，包括父親很權威、不守信用、答應的事做不到，還會罵髒話、事情沒弄清楚就亂罵人。阿成小時學鋼琴好一段時間，父親卻在他國中時就擅自替他停掉，也不說明原因。國小五年級時花了一個暑假做媽祖燈籠，但父親後來把燈籠揉掉，說是農曆七月怕鬼魂附身。國三時被停掉網路，當時父親的說法是妨礙功課，但是他考上高中之後，網路也沒有恢復。更扯的是，有一回父親在阿成清洗後的被子裡發現一件母親內衣，誤以為阿成是拿母親內衣自慰，也不聽阿成的說法（是洗衣機攪在一起，不是他拿的）就辱罵阿成，用詞之難聽與骯髒，讓阿成覺得無地自容。甚至高三時，有一次阿成坐在姊姊床邊，父親就以為他們姊弟之間有不倫，還直接罵：「我早就懷疑你們姊弟有什麼！」阿成根本沒有解釋與辯駁的機會，這些指控讓阿成只好與母姊疏遠以明哲保身。

也因為發生過這些事情，阿成雖然知道父親很疼愛他，但是他覺得噁心，不敢接受，連進入雙親房間都會逼自己停止呼吸，因為嫌父親「髒」，連與父親有身體碰觸，也會做一些動作去「排除」。阿成說自己莫名其妙被誤會，父親的思想怎麼這麼不正常？彷彿把自己的兒子當成「性侵害犯」！

過去種種讓阿成決定不理會父親，包括不去正眼看父親、跟母親提時用「拎ㄤ」（臺語「妳丈夫」）稱呼，也不會與父親有太多對話與互動。在家裡要去洗澡是趁父親睡覺時，只因為怕碰面尷尬，阿成甚至認為叫「爸爸」兩字「很噁心」。而當阿成刻意疏離，做這些動作之後，卻發現父親對他較好，但他仍不能接受。雖然母親總是站在中間企圖斡旋父子關係、說父親的好話，但是卻不能說服阿成改變。阿成說已經習慣與父親這樣的相處模式，因為怕被傷害。等到自己學了助人相關的東西之後會問自己：「這樣好嗎？」

阿成認為自己若對父親低頭，父親可能又故態復萌，他說自己有時想起來「心中會有一把怒火」，他不想成為跟父親一樣的人，有時覺察到自己行為像父親時，也想知道原因。阿成說自己從小就「很娘」，比較沒有典型男孩子的動作，但是這又不是他願意的，父親也曾經批評過他，因此阿成在家時會故意表現很 man。他說自己與女性較好相處，與男性較難相處，因為男人看起來兇兇的。

諮商師的解析

父親通常是兒子心目中的英雄，但是阿成卻從父親那裡承受了許多屈辱與誤解，讓他無法尊敬自己的父親。阿成只因為身為男性，但是行為舉止較為陰柔，就被父親批判、糾正，但是父親又對其「男性」本身有許多的不信任與懷疑。對阿成來說，父親不是一個「好男人」的榜樣——父親對自己兒子怎麼會有這麼多的懷疑與誤解？是不是投射了他本身的一些事情而不自知？

阿成的一些舉止，只因為不吻合目前社會的性別標準，就遭到貶低與歧視，怪不得他覺得家沒有讓他有歸宿的安全感。阿成的孤單，他不敢輕易說出來，表現在外的也是嘻笑與堅強，極力去掩飾自己內心的不安與恐懼，這一點他是到後來才知道。

我們的社會期待男性要堅強，因為要養家，使得許多的男性不能夠表現真實的自我，有時候甚至要很虛假，連自己都不能夠接受自己，這樣的生活相信不是適意的生活。儘管我們現在提倡性別平等，然而臺灣社會還是傳統觀念流竄，男權至上，許多的政策都還只是停留在宣導層面，沒有實際落實，不管任何性別都受到箝制與壓抑，當然民眾的觀念是最需要改進的關鍵。

阿成父親的嚴厲，可能投射了他本身的一些害怕，包括性慾、男性氣慨，甚至是與異性的相處。很多年之前，有一部美國出品的電影《美國心玫瑰情》（*American Beauty*）裡面有一位父親擔心自己是同志，因此看到兒子與隔壁鄰居的男主人過從甚密，就開始偵查與懷疑，後來還直接手刃了鄰居，才發現是誤會一場！

父母親固然也承擔了社會文化傳承的責任，但是並不妨礙讓孩子「長自己」。倘若親子間存有這些誤解，卻不願意去了解或澄清，當然親子關係就會越來越遠，留給雙方很大的遺憾。

让家自由
让自己爱

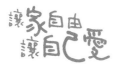

STORY 14

我到底錯在哪裡？

小貞的雙親都是身障者，她是家中四個孩子的老大，父親對她有許多期待。剛開始也不覺得這是傷害，因為父親一向嚴厲、會罵人，但是她自己會把它合理化，歸咎於自己做不好，辜負父親的期望。她也一直過得不快樂。進入研究所之後，小貞開始接受治療，因為她發現自己與男友之間，常常因為一些小事就吵得不可開交，男友後來給她的最後通牒是「好好管理自己的情緒」，小貞才有機會見諮商師。

小貞了解到父親生氣時會口不擇言罵孩子「垃圾、生你們沒有用」之類的話，而這些都造成傷害；孩子哭無濟於事，解釋也是落入「狡辯」的下場。父親是「愛面子的人」，情緒上來時就發作（一個月中會有一兩次），雖然覺得父親莫名奇妙，但是也會害怕，會去注意不要誤觸地雷，所以只要在家都過得戰戰兢兢。而且父親說話與要求也常常自相矛盾，一下說孩子已經成人要負責任，一下子又要管東管西和不相信孩子說的話。

小貞曾因為父親不明理，被打之後氣憤，寫了一張紙條發洩自己怒氣，貼在床尾，卻被父親看見，又遭毒打一頓，自此她就與父親明顯疏離。小貞國中開始念私立學校，回到家都已經晚上十點之後，也因為少接觸，與父親更不親近。小貞說：「跟爸爸只是聊表面的事情，比較不會聊天。」父親重視孩子的成績，小貞他們會因為成績不如理想，被父親處罰（打巴掌），後來也因為床頭（貼紙條）事件，父親似乎不再那麼要求每一個人的成績（小弟除外），也不再打了，就用罵的，只是用詞之狠毒，傷害比肉體上的還要嚴重。

小貞認為母親是一個好動的人，算是很開明，也沒有特別要求什麼。母親一般不太發脾氣，但是一旦觸發，也是「歇斯底里、下手很重」，小貞曾被母親用皮帶打得流血、牙齒也掉了。小貞說小時候奶奶也曾用藤條打孩子，但是小貞會跪在那裡忍受而不會逃跑。小妹會撒嬌、較黏父親，容忍度也較大；小貞也曾經以書信表明自己的一些想法，但是父親也回了信，表示不願意接受小貞的那些想法，甚至加以糾正，小貞原本想再寫信去解釋，但是後來只是大哭：「雖然現在比較好，可是……我的一些東西他還是不願意接受。……有一點不願意真正了解我的感覺。」

小貞說二妹因為不是在父母親的計畫下出生（為了要生一個傳宗接代的兒子），因此母親知道這一胎又是女兒時，自己在公園哭，但是父親卻常拿這件事來提醒二妹（「說媽想要男生」），讓二妹覺得母親根本不愛她。二妹上大學後與母親吵得更兇，二妹與小貞都曾有自殘行為，妹妹會故意展示給母親看，小貞則是獨自啜泣。

小貞認為身體上的傷害不大，她認為是因為自己犯錯（如自己沒考好，爸媽很辛苦，自己又跟弟妹吵架），言語的部份讓她比較受傷。父親會用那種很否定的方式來說她，像是很諷刺的說「不要以為自己上了大學就有什麼了不起！」之類的話。小貞認為父親「只想要成績好的我」，父親雖然有關心，但是表達的方式讓孩子覺得「錢」比孩子還重要，她記得父親曾經說過：「妳看醫師吊點滴花了五百塊！」好像是提醒她要記得償還，讓她更覺親子之間沒有情分。

小貞認為父親是一個很認真的人，因為他做了很好模範（唸佛經、英文與日文，還去考英檢），小貞也覺得不能挑剔父親，但是父親沒有什麼朋友，因為他不給人臺階下，像是同事把單字唸錯，父親就會直接糾正，還去找證據證明自己是對的。小貞也了解父親這麼逞強的背後其實是很深的自卑心作祟。

小貞也在治療時發現自己找的男友都跟她父親很像，會指責他人、大男人主義，主要是他們會讓小貞覺得自己很不好。在面對自己時，小貞會要求自己更好，有完美主義的傾向，因此情緒上也有很大的起伏。

諮商師的解析

小貞的身障雙親因為行動不便，加上管教的壓力，因此通常以言語、說教方式進行，但是卻也因此常常口無遮攔、用字狠毒，更傷害了孩子！小貞父親很傳統，卻又有自卑過度的自傲，因此希望可以有兒子繼承家世，卻又得理不饒人。小貞排行老大，自然被期許較深，同時也是受傷最大的。小貞在高中之前也不太願意提及自己的家庭，後來進入心理相關科系，有機會檢視自己的成長路，心理上比較平衡，只是最根本的問題還是沒有解決，父女之間的糾結關係也影響到小貞在親密伴侶的抉擇上。

孩子最重視雙親對他／她的看法，甚至由雙親或重要他人來定義自己的價值。小貞很在乎父親，所以也一直很希望得到父親的認同與接受，但是父親的作法卻讓她倍感羞辱、瞧不起自己。**語言其實是傷人最深的，尤其是關係越親密**

的人，因為在意、所以其力道更強。負面的話說久了，就會變成真實的，如果對孩子的批評都是負面、不贊成的，孩子就會認為自己是這樣的人，不僅不認同自己、喜歡自己，對他人也不容易信任。小貞一直想要討好父親，但是一來不知道父親真正要她做什麼，二來即便做了也不一定得到父親的認同。這當然影響到她對自己的看法，以及起伏不定的情緒。幸好小貞已經開始了治療的路，可以慢慢擺脫這些陳年的壓力。

雙親的情緒管理是影響孩子對自我看法的重要因素，暴怒與體罰的父親讓孩子不知道自己該怎麼做才是對的，也不知道該如何符合父親的期待。父親自己有許多的議題未解（包括對自己是身障者的認同與接受，將孩子視為自己的延伸，也將自己未完成夢想放在孩子身上，擔心外界對於自己親職的看法），也需要去做適度處理。

母親的怨念

小馨的父親是職業軍人，出生時父親就在外地駐紮，不在身邊，母親帶著她單獨面對父親的原生家庭成員，而那時母親還要與三個未嫁的強勢姑姑相處。後來二姑所生的孩子早她半年出生，全家重心就放在那個孩子身上。小馨早產身體不好，似乎就成為不受人疼的孩子，後來母親才將她帶回雲林娘家。

母親常提在婆家的事，也希望父親可以為她出氣，但父親也很為難。奶奶對媳婦與女兒態度大不同，這一點也很讓母親受傷。母親與姑姑的衝突讓孩子也很難做人，母親的情緒當然也大受影響。雖然小馨家已經獨立出來，但是持續受到父親原生家庭的影響。

以前母親會說，如果小馨是男的就好了，也因此小馨常常自問：「這些是不是我造成？如果我的性別是男生呢？」她知道是自己的詮釋與歸因，不一定是事實，卻又忍不住這樣認為，而母親卻也曾經這麼對她說過：「都是妳害的，如果不是妳就不會這樣！」讓小馨更困惑。

小馨跟人緣好的表姊有一些競爭（包括成績），她也希望可以做一些事來彌補母親的傷痛。祖父母最近幾年相繼過世，但是牌位放在小馨家，因此為了祭拜儀式等，不僅給母親壓力，也會有許多要求，而以往的傷痛就會在此時被喚起。母親在姑姑們那裡受委屈時，會找小馨訴苦，也讓小馨有許多顧慮。小馨也認為母親所氣憤的已經過去了，現在都看不到了，但是母親仍然很在意。另一方面又想母親已經受到這麼多傷害了，自己不能這麼講，擔心自己是「背叛」母親。小馨希望自己可以「不見」，有一種報復的意味，母親「發怒的氣憤常常出現」，但是手足間都不談這些事，覺得母親這樣「沒有必要」，但是不敢說出來。

小馨的困惑還在於母親現在與姑姑們關係較好了，因為姑姑們會主動跟母親說話，但是大姑與小姑吵架，卻又會來跟母親訴苦，小馨疑惑：「（媽）不是放不下（在婆家所受的委屈），為什麼突然又好了？」以前母親在婆家受盡了姑姑們的苦，現在時光流逝，母親在面對姑姑們時，似乎忘記了之前的苦，但是卻又三不五時找小馨提過去。

小馨覺得自己之所以遭遇到這些是「命中注定」，現在雖然感受好一些了，但是陰影仍在，因為母親的部份她無能處理。小馨說會要求自己，「不要去期待任何事情，不要去期待有一個很好的關係。」她學會防衛自己（以策安全），對任何事（包括關係）不要百分百投入，就是一個人過日子也很好。小馨也知道自己對他人很冷漠，但是還是認為這樣比較安全，至少不會直接受到傷害。

諮商師的解析

小馨承受的是母親不能解的傷痛，而這些傷痛是從婆家來的。母親不能將這些傷痛做適當的處理或化解，就與女兒分享，但是女兒小馨的角色不同啊，她也無能處理，因此到頭來只是多了一個受害者而已！

小馨長期在母親的傷痛下過生活，已經開始產生了一些身體上的徵狀，她故意去忽視它，卻無法減損傷害，後來是醫生轉介她過來見諮商師，才有機會就她的「身心症」做進一步的了解。**女性常常將壓力往自己內在攻擊，憂鬱症就是其結果之一**，**當然還有癌症**。女性被社會期待要照顧他人、犧牲自我，因此不能抱怨、不能自私，當然就容易生病，小馨的母親在婆家想要做好媳婦，就要犧牲掉自己，而這些「心」苦，又沒有對象訴說，於是就轉而對女兒發洩，只是女兒還小，不懂得大人的世界與複雜性，只好一味承接母親給她的抱怨與想法，久而久之似乎就這樣形塑了小馨的性格。

小馨其實是處在「習得無助」的情況下，對母親的忠誠與愛，讓她只好一直承受母親的抱怨，但是她又希望可以做自己，可是不管母親又不對，因此常常處在衝突與矛盾之中。小馨不喜歡自己，也不喜歡自己是女性，對於異性的感受也很模糊。

母親承受婆家傳宗接代的壓力，加上自己在婆家被對待的方式，影響小馨對自己的看法，她甚至認為自己不是男兒身，所以才讓母親受到傷害。而她對於自己身為女性又有哪些有害的迷思呢？這也可以在諮商過程中深入探討。

STORY 16

我媽已經不是正常人

小宜說母親以前很正常、很慈愛、可以溝通，現在「精神不正常」。父母在她小二時離異，後來母親再婚。母親以前工作壓力大，會發洩、對小宜大叫，然後隔天道歉；但是一家人卻持續生活，只是大家都擔心母親隨時會爆發。現在母親變成一個非常可怕的人，像是一顆不定時炸彈。母親因子宮肌瘤開完刀後變得更可怕，主要是很情緒不穩定。小宜覺得受害最大者是繼父，媽媽每次都抱怨說自己工作壓力大，可是卻常常換工作，基本上在一個工作上很難持久。

小宜有一個哥哥，目前在服役，下面有一個妹妹跟阿嬤住，監護權都在生父。哥哥與父親同住過幾年，父親沒有責任感，只顧自己；妹妹很愛母親，但是也會回嗆、不會退縮。小宜說自己難以接受溝通、情緒不穩定，而且看起來就精神有問題的母親。大學重考那一年母親開刀，小宜在醫院與家裡照顧母親兩個禮拜，後來受不了跑去阿嬤家，很怕母親來找她，她說：「我覺得我媽已經不是正常人。」

現在繼父與母親雖然已經離異，但是仍然住在一起，小宜說自己與繼父感情變得更好，可能是因為同舟共濟之故。母親認為外婆是愛錢的人，才會造成她的第一次婚姻「是外婆害她的」。小宜希望自己「努力成為跟我媽不一樣的人」，不要那麼不講道理、冷漠。小宜不認為自己可以離開母親，「因為她是我媽啊！」她將目前的遭遇視為一種「試煉」，而考驗還沒有結束。

小宜說以前還會想跟母親溝通，現在不會，也無法與母親像小時候那樣親密。而她不敢表達自己的情緒或想法，無法像以前那樣開放自己；這些也影響她交朋友。對小宜來說，要信任一個人不容易，要花更多時間。

諮商師的解析

女性的第一個認同對象是母親。再者，女性與男性不同，社會沒有要求女性早早與母親做切割，因此女性與原生家庭母親的關係其實都可以維持長久，而女性也最在乎自己的親生母親。小宜的母親自顧不暇，因此也無法讓小宜看到一個很好的典範，當然母親自己的遭遇也不順遂，諸多因素交纏之下，也讓許多人因此受累。

小宜的母親可能一直有情緒方面的問題，只是因為自己的生活與遭遇，讓她自己與家人都忽略了這一點。其實小宜很早就發現母親「不正常」、「很可怕」，可是又不能對外言說，因此她也是母親情緒的犧牲者。因為雙親離異後，小宜都是跟媽媽住，所以影響與感受都較深，儘管目前有繼父的協助，比較不孤單，但是已經影響小宜對人的觀感與信賴度。

雙親對於孩子的影響包括：雙親是孩子第一個人際關係，因此影響深遠。再則，雙親相處的模式也是孩子觀察到的第一個異性關係，會左右孩子對於異性的看法與關係。此外，父母親所表現的情緒與教導，正是孩子接受到的第一個情緒教育，因此極為重要。最後，孩子從雙親那裡知道自己是否被喜愛，被喜愛的孩子會較有自信，也比較願意去相信人。

現在有許多結構不完整的家庭，但是卻無礙於一個人健康的成長，只要雙親中有一個人讓孩子覺得自己是被愛的就足夠，而延伸家庭之中若有一些性別典範（如慈愛的姑姑、公平的舅舅）可茲學習，也可以補足雙親之一缺席的遺憾。我們社會目前還是有「完整家庭」的迷思，殊不知為了保持一個「完整」的家庭，可能家人之間彼此憎恨更多、傷害更多！

STORY 17

揮之不去的失控爸媽

小欣說父母親常吵架、打架，爸爸認為媽媽上網聊天是與男人勾三搭四，很不高興，會去查媽媽的通聯紀錄，懷疑她有外遇，因此爭吵更多。小欣記得有一次父母親在房間打在一起，還是由四個子女聯手將他們拉開。小欣雙親不和，父親暴力，母親曾在她高三那一年離家出走近一個月，借住在一男性友人家中，在那期間發生了很多事，也是小欣認為傷害最多的時候。小欣說爸爸當時好像有躁鬱症，常常會生氣，而且讓人覺得很可怕，而爸爸的言語讓人很受傷。

有一次爸爸沒有得到小欣允許，亂翻她的抽屜，發現小欣與一位同性好友的信件，就懷疑小欣是同志（這是後來母親的轉述），小欣在努力護衛自己的隱私權，父親卻大發雷霆說「這個家都是他的，為什麼不能亂翻抽屜」之類的話，還叫小欣「滾出去」，小欣覺得很受傷。小欣說自己之所以沒有離家是「為了顧全大局」，擔心弟妹沒有人照顧：「弟弟是男生，爸爸不會為難。」也擔心妹妹們遭殃，尤其大妹會跟父親頂嘴，惹父親更生氣，而爸爸「發瘋」時，小欣就把自己鎖在房間裡哭。小欣還說弟弟也曾被父親趕出去，當他真的就要離開時，卻被父親阻擋，不像她是被父親揚言趕出去，可見父親對子女態度大不同！

小欣下有二妹一弟，爸爸有重男輕女的大男人主義（小欣與妹妹都要做家事，弟弟不用）。小欣認為自己有責任要照顧弟妹，即使不喜歡回家，也還是會回去。小欣認為自己之所以要負這麼多責任是因為父母親把她「牽拖進去」，她十分不情願，也不是她的職責與能力所在。

母親回家之後，情況還是沒有改變，自小欣有印象以來，她就是跟母親、兩個妹妹睡同一間房，弟弟與爸爸個睡另一間。爸爸晚上會來房間前面鬧，有時候還喝了酒、會踹門，她們就推櫃子擋在門上，有一次父親還將門鎖弄壞，母女幾乎每天睡前都會擔心今天父親會不會發瘋？小欣很怕爸爸，因為她不會反抗，只會默默去接收父親給她的東西（父親原先發洩在母親身上的情緒），大妹會頂撞，結果父親罵得更兇，媽媽也因此想要把大妹帶去男性友人那裡，這一點又讓小欣很生氣，因為她認為自己也很辛苦、不想待在家裡，但是媽媽卻沒有想到她。

以前手足們也懷疑父親指控母親外遇是否屬實？而小欣也曾責怪母親，認為母親不該外遇，甚至離家出走。有一次小欣打電話給媽媽，聽到一個小女生（母親男性友人的孩子）的聲音，就很討厭這個小妹妹，覺得「小妹妹分散媽媽對我們的愛」。小欣認為母親不應該去找小黃司機（母親的男性友人），甚至在離家之後去找他，「她去那邊之後，所有事情都變成我在負擔，很累。」即便知道母親有其苦衷，小欣說她現在可以體諒母親，但是不能原諒。

小欣說自己「裝乖」，以為只要忍到上大學就可以自由了。至少離開家有一段距離，加上時間的因素，可以讓她稍稍平靜一些。現在偶爾回家也會看到母親關心父親，而父母親在外面可以「裝作」很和樂，只是看到這些場面她不了解為什麼以前吵得這麼兇的夫妻，現在卻完全不一樣？儘管母親表面上沒有跟小黃司機聯絡，但是小欣認為母親還是跟他有聯繫，因為小欣姊弟們會查母親手機與即時通的資料，爸爸的反應也跟以前一樣，雖然去看過精神科，但是只承認自己有「睡眠障礙」。小欣不喜歡接到父親來的電話，而她自己心裡的疑問是：「媽媽為什麼要拋下我們？但是自己卻又不會討厭媽媽？」也許是因為自己長大了，在學校參加營隊，也發現異性可以是「合作」的對象，也可以是朋友，然而只要看到與父親年紀相仿的男性還是會害怕。

小欣說自己聽見「爸爸」的字眼都會覺得可怕，手機中也不寫「爸爸」的手機，直接以英文的「father」取代，對「爸爸」二字的感覺很不好。而在聽見別人說自己的父親對子女很好時會很羨慕，覺得自己父親跟別人的差好多，而自己的母親也不像母親。

小欣來求助的原因是遭遇到情緒不穩的室友突然發脾氣，後來她也發現自己「打從心底很怕別人生氣的情緒」，但是自己又有功課要做，因此只能待在原位，最近才會塞耳機、聽音樂，因為不想聽見室友發怒的聲音。小欣認為自己會去「迎合別人」，她認為這樣「活得不像自己，一點自由都沒有」。小欣沒有特別的宗教信仰，但是認為「事情的出現有其原因」，而這樣的詮釋讓她「釋懷」。

小欣希望父母親可以給她「一個道歉」，她說：「因為有一次爸爸打弟弟，

諮商師的解析

小欣是父親暴力下的潛在犧牲者，直到上了大學，感覺上還是很畏懼父親，一來是因為情感的因素，也因為她在經濟上仍然要仰賴父親之故。小欣第一個受到影響的就是人際關係與親密關係，連帶地對自己的自信心也受到影響。小欣最明顯的是對於男性的看法，幾乎都是以疏離的方式處理，而對父親又愛又懼的情緒，也讓她極力隱藏起自己真正的情緒，但是這樣的處理方式卻很容易在壓力情況下失控、爆發，自己卻沒有察覺。

小欣對於情緒的隱忍，不僅影響到她與人之間的互動（會害怕得罪他人、不敢表現真正的自己），自己也深受其害（對自己沒自信，也感覺到處處受到箝制，不能自由）。母親的外遇可能也是痛苦婚姻中所尋找的解脫（依照小欣父親的行徑，不太可能放手離婚），只是孩子的立場就很為難，因為向哪一邊靠攏都不對！

負面情緒很傷人，不只在臨床上有情緒疾病（如憂鬱、焦慮、躁鬱、恐慌等），也會有自戕的意圖。小欣不諱言自己曾經幾度想要自我了結，卻沒有勇氣去執行，她說雖然會擔心大妹直接頂撞父親，但是卻也很佩服她有這個勇氣，由此可見小欣並不是沒有發現自己潛藏的另一面。

在暴力淫威下成長的子女，通常會在成年之後離家較少回來。然而身體上雖然疏遠了，心理上依然有個空洞需要填滿，對家的「若即若離」表現就是！

STORY 18

家中地位總是低落

鄭國是四十多歲的中年男子，他懷疑自己有糖尿病，於是自行施打胰島素，整天疑神疑鬼，只要情緒不佳，就會打老婆出氣，對老婆控制很多，不准她出去工作，老婆要出門也百般盤問、懷疑她的行徑，唯一的十歲女兒看起來好憔悴，根本沒有童真的快樂。

鄭國是家中四名子女的老二，上面有一個傑出的哥哥、下面有兩個妹妹。從很小時候開始，他就不是哥哥的對手，不管是課業或是活動表現，都不及兄長，雖然哥哥很愛護他，也處處讓他，但是他還是覺得自己不夠好！鄭國提到自己父親是退伍軍人，生活非常節省，目前父親跟母親兩個人在臺北都會區的每月生活費竟然可以「剋扣」到四千元，簡直不可思議！父親這樣的勤儉生活，也攢了幾百萬積蓄，但是妹妹們成家之後並沒有執守這樣的習慣，只有大哥還是過這樣的生活，連水果都買那些快要壞的、自己都嫌難吃了的。

鄭國一直覺得父親比較疼哥哥，因為哥哥很優秀，不需要家人擔心，但是為了讓哥哥上大學，他只好去讀軍校，有他們三個人的犧牲，才有哥哥的出人頭地，但是他還是有怨。鄭國從小就很神經質，好像很擔心什麼事情做不好，但是一旦去做又沒有信心，所以最後還是哥哥揀去做了，他對哥哥的做法很怨恨，卻也有感激，因此很矛盾。

其實鄭國本身就充滿了矛盾，這樣的矛盾其來有自。鄭國的父親是律己很深的人，典型的軍人性格，所以他對家中男性的教育是很嚴苛的，從小也幾乎是打罵，但是哥哥卻可以獨得父母親的寵愛，豁免了這些，而鄭國卻總是被拿來比較、永遠是黯然失色！母親是很奇怪的人，雖然跟著父親吃苦，但是嘴上永遠不饒人，許多粗話都琅琅上口，卻又不准孩子模仿。以前鄭國情緒上來時，會不經意說出口，母親就二話不說，一個巴掌先摑下來，根本不聽他的解釋。家裡人即使在場也不會替他緩頰或說話，妹妹們有時候更會落井下石。

鄭國工作之後，哥哥就要他協助分攤奉養父母親的費用，他覺得自己賺得少，應該少分攤一些，但是父母親卻以哥哥已經成家為理由，要他平均分攤，於是鄭國就經由相親認識了太太，這樣才可以讓自己覺得公平一些。鄭國不希望自

諮商師的解析

鄭國的情況的確已經是有所偏差，他在陳述過程中，也把一些幻想當作真實，從這裡可以理解他為什麼自己施打胰島素的原因，因為他「認為」自己有病，只是他真正的病應該是屬於精神上的疾病，問題在於他沒有病識感，不承認自己「不正常」。

鄭國應該是在國高中時就出現過於常人的焦慮感，包括他提及有一些強迫性行為（像是有人在監視他、想對他不利）。**許多的心理疾病好發在青春期發展階段，因為頓時失去「兒童」的身分，開始要承擔社會期待的責任，加上要適應身體上漸趨成熟的變化，內外的壓力相交之下，很容易讓潛伏的疾病出現**，只是鄭國與其家人都沒有發現，當然也沒有做進一步的診斷與治療，而鄭國家庭的傳統與要求，也阻止了他們去思考心理疾病的可能性。

鄭國不喜歡父親只是以學歷論英雄，好像只有哥哥是父親唯一的驕傲，但是其他孩子呢？他們為哥哥犧牲自己求學的機會呢？鄭國當然有許多的遺憾與不滿，但是又不能直接向父親或兄長反映，因此他將對自己的不足與挫敗表現在對妻女的暴力與掌控上，以為這樣就可以讓自己恢復掌控力、不遜於他人。自我心理學派提出每個人都有被認可的需求，而手足之間也會有一些競爭出現，主要都是希望在父母眼中獲得一席之地、被看重。鄭國與兄長之間有莫名的競爭，通常排行老二的會很識趣，轉而發展老大所沒有的能力與特質，只是父母親或是家人的對待還是影響深遠。當然這些因素都不是讓鄭國逃脫暴力的藉口，他的家暴行徑已經嚴重違反了其他人的權益，而他自行診斷與用藥行為，還彰顯了其他的心理問題。

家中若有類似像鄭國的心理疾患，影響的不只是鄭國目前的家庭而已，因為鄭國的暴力已經讓妻女受困受害，相信他在工作場上的人際關係也大受影響。一般的心理疾病患者是沒有暴力傾向的，然而鄭國的情況或有不同，他用暴力掌控家人，而其他延伸家庭的人又不介入，很容易等到要介入時，情況都已經非常嚴重（如有人受傷或死亡），那時候就造成更大的傷害與遺憾！精神疾患沒有病識感，自然不會去求助，而沒有人是孤島，也因此受到其影響的就不只是個人而已，社會因此也必須要付出代價。

我為什麼要孝順？

小欣三十多歲，思考了很久才出現在諮商室，但是一起頭之後也就可以暢談到自己關切的議題，可見她已經在心中「練習」很久該怎麼說自己的故事。小欣的父親早年就過世，家中有手足三人，大姊旅居國外，幾年才會回國一次，小弟則賦閒在家，或是找機會投資，母親年近七十，教職退休多年，最近幾年身體健康不佳，但又不主動去看醫生，只是自己聽聞、診斷，有時候就去買一些營養劑或成藥吃。小欣會勸告母親這樣做的危險性，但是母親不願意聽，小欣說：「我媽也算是受過教育的人，不知道為什麼這麼明白又清楚的常識卻不懂！」母親只有在痛得受不了時，才會找小欣幫忙，但是她不是用要求或請託的，而是間接、命令式的，這一點讓小欣極為不平。小欣說三個手足中，母親最不疼她，但是卻又要求她最多，我說：「**因為妳媽知道妳最心軟。**」她說姊姊很早就出國，然後在那裡安居落戶，根本不需要為家人做些什麼，但是媽媽除了之前姊姊生產時去為姊姊坐月子之外，幾乎每年還是會去看姊姊，只是停留時間都比預計的要短很多：「大概知道我媽很難相處吧。」

小欣說自己目前住在家裡，又是小姑獨處，認為自己還是依賴家裡，因此需要有一些付出與貢獻，平常也去兼職、賺一些零用錢，但是只要與母親兩人同時在家，她就會覺得自己無法順暢呼吸。有時候只是出門，就會聽到附近鄰居的竊竊私語或是指指點點，她最受不了！我問她，難道母親不能找弟弟幫忙？小欣苦笑道：「這就是我最感不平的地方，我媽很寵我姊，讓她大學畢業就出國念書。我媽也很寵我弟，沒有要求他出去找工作。反而是我，只要我做什麼都不贊成，我想要留學，我媽也沒有贊成，我只好自己存錢去遊學，我要念研究所，我媽也反對，我就自己考自己念。」我說：「**多虧了她的不贊成，妳反而證明了自己的能力與能耐**。」「可是很辛苦啊！」小欣說。

小欣認為自己在家的地位或是在母親眼裡的分量就是一個「可供使喚的奴僕」，她說平常她就像是空氣一樣，沒有人在乎她的存在，只有「需要」幫忙時，她的重要性就突顯了。「可見得妳有能力。」我再重申一次，小欣這才稍稍認可我所說的，眼淚撲簌簌掉下來：「可是，沒有人愛我！」

父母親如果有一個以上的孩子，孩子都會覺得父母親偏心，因為他們的愛「分配」不均，當然有很多是孩子主觀的看法，但有些的確也是事實。如果只生一個，孩子還是會認為父母親偏心，因為「爸爸（或媽媽）比較愛我！」手足之間的爭吵常常是為了「多獲得」一些父母的注意與關心，這是無可厚非的。父母親如果表現得明顯，子女受的傷害就越重，小欣就是其中的一個例子。她看到母親深寵姊姊，因為姊姊說話很衝，母親不敢反駁。她也看到母親寵愛弟弟，沒有要求弟弟要有肩膀，及承擔家庭的責任。她雖然也會有不贊同的意見，但是力量不大，總是被母親否決，因此她的「不被愛」就是更大的傷痛。小欣的痛還有一點就是：她目睹寡母持家育子的辛苦，所以希望可以多多體諒母親、孝順母親，因此其他手足不願意做的，她都義無反顧、一肩承攬，但是卻也沒有得到母親的認可與賞識，這是她最怨懟、傷感之處。

我在諮商現場看到「最孝順」的孩子「受困」最深、痛苦也最多，因為他們不像其他手足一樣可以「狠心」放手不管，因為他們做不到，然而當他們去盡了孝道，卻沒有被看見、讚許，自我就受到極大的傷害，也許他們會花一段時間怪罪自己或他人，但是如果家長再度要求，他們還是會順從去做，一直待在這樣惡性循環的漩渦裡。

我問小欣：「孝順是給誰交代？」

她想了一下：「自己？」

「對。妳很清楚，可是妳情緒上還是很不平。」

「是啊，為什麼孝順是我的事？」她說。

諮商師的解析

我向小欣釐清「**孝順是自己的事，因此只要給自己交代就好，不需要去管別人孝不孝順**。別人孝不孝順是他們的事，妳用妳自己的方法孝順媽媽就好。」小欣要有機會長自己的力量、過自己想要的生活，但是她也希望可以善待母親、彌補母親的劬勞，這兩者之間其實可以有一種智慧的平衡。當然小欣在「為自己」做一些事時，不免會有擔心或是愧疚感，這些都可以慢慢克服，因為她並沒有摒棄對母親的愛與責任，而在她開始有這些觀念的改變時，內心糾扎的矛盾情緒才會慢慢化開。

小欣的孝順劇情，也是我們社會傳統的子女難題。父母親希望將孩子放在身邊可以看見、照顧與保護，但是孩子也有自己的人生，希望有機會去外面的世界闖一闖、見識見識，絕大多數的父母親會適時放手，讓孩子去發展自己想要的生活，但是也有父母親有私心，不讓孩子去「長」自己，甚至將孩子看作是自我的延伸，要孩子去完成自己本身未竟的夢想。**孩子受困在「孝順」與「自主」的兩難之間**，有孩子為了父母的期待，放棄了自己，也許還會將自己未完成的「期待」，以同樣方式傳承下去，造成下一代總是不滿上一代的惡性循環，代代相傳，這到底是怎樣的一種詛咒啊？

面對上一代的共業

STORY 20

源自母親的循環傷痛

小嘉年近五十，她說自己從小得不到母親的青睞，儘管她很努力表現，也順服母親，想要做一個乖女兒，但是似乎還是讓母親厭惡。母親自己有外遇，後來離異，獨自帶著小嘉與妹妹生活，只是母親賭博的惡習不改，也換了幾個枕邊人。小嘉二十出頭就結婚，主要是逃離母親的掌握與虐待，只是婚後不久就懷孕，產檢過程丈夫也會陪伴，只是沒有料到自己懷的是雙胞胎，屆臨產期時因為胎兒太大，加上胎位不正，因此只好行剖腹產，沒想到孩子一出生，她就莫名地討厭自己的孩子，讓她在哺乳時期根本提不起勁，甚至不想要理睬自己初生的孩子。第一胎出生半年，小嘉就懷了第二胎，她對第二胎的女兒愛護有加，認為自己第一次有當母親的喜悅。

小嘉與丈夫的關係卻隨著時間的流逝越來越糟，丈夫從事中盤商，要與人應酬喝酒，後來也動手打小嘉，么女也在夫妻不和的情況下出生，小嘉一直想將胎兒墮掉，後來卻因為自己的信仰而保留了這一條生命。小嘉後來受不了丈夫的暴力而申請離異，卻在離婚進行中，丈夫傳出性侵外遇對象的年幼女兒，被關進監牢。

現在子女們都已經長大，老二最近結婚了，卻對小嘉這位母親常常惡言相向，子女們都與小嘉一起住，大家分攤家計，但是小嘉卻不滿意有些子女不給生活費，她的憂鬱症情況有改善之後，與女兒們的不親密（尤其是她最疼愛的二女兒）讓她心灰意冷，決定來做諮商。

小嘉說自己從以前開始罹患憂鬱症，也不知道自己這一路是怎麼走過來的？她提到自己把母愛給二女兒了，現在卻換得女兒的疏離與不感激，讓她覺得很心痛。我問小嘉：「妳來是希望與二女兒的關係回到從前嗎？」小嘉說：「我知道自己以前做錯了，可是我對於自己厭惡那對雙胞胎是沒有後悔的，因為我打從一開始就不喜歡他們。」「可是妳現在抱怨的不只是老三哪，也包括老大老二啊！」我問：「妳這樣的期待是不是雙重標準？」

小嘉說自己以前雖然不愛孩子，但是會努力做一個母親該做的事，至少讓子女成長，只是她沒有想到孩子的思想會扭曲到這種程度，現在她的前夫入獄，孩子還會去探望，甚至滿足丈夫的許多物質上的要求，她覺得自己被忽略。

我們一起去感受沒被愛的孩子的感受，接著我讚許小嘉的勇氣，願意前來做一些修補。當她生育第一胎時，自己也在生病，因此無暇顧及孩子的需求，後來加上丈夫的暴力對待，其實想要做好母親這個角色也有心無力，現在人還活著，就有機會把之前不滿意的事情重新做檢討與修正。

諮商師的解析

小嘉帶著被原生家庭（主要是母親）背棄的傷痛，進入自己的婚姻，沒想到所適非人，卻也無力頑抗。孩子一個個出生，她是唯一的照顧者，加上遲遲沒有去治療的憂鬱症，讓她的親職工作倍增艱辛。小嘉對待第一胎孩子的態度，彷彿就是複製親生母親對她的態度（有鄙視與厭惡），只是她自己沒有察覺，後來刻意生下第二胎女兒，她說自己才懂得「享受母愛」，只是沒有料到孩子成長之後竟然不知感恩，甚至惡眼相向，讓她非常痛苦。小嘉沒有知覺到自己其實將原生家庭帶來的傷痛複製在孩子身上，這種潛意識的行為，必須要她自己願意去「往內看」時才會意識到，有了這項察覺與連結之後，小嘉也才願意有行動去做改變。

我在這裡沒有譴責小嘉的「不像母親」，因為我知道**社會還是認為母親應該**

扮演好自己的母職角色，對男性卻沒有同樣的要求，這對於女性來說是「不可承受之重」。我很高興小嘉願意前來做治療，雖然她堅持自己對第一胎子女還是沒有愛，但是現在願意與他們重新修補關係，她的誠實也值得肯定。小嘉說自己以前都努力溝通，但是子女不領情，甚至不溝通，於是我就與她一起探索其他溝通管道的可能性（包括寫信、準備點心或水果），小嘉也去嘗試了，結果讓她發現是有可能改變的，雖然子女的反應不一，她已經看到若干的不同。我也提醒小嘉：**她與子女的互動模式由來已久，要一下子做改變，彼此都會有抗拒，因此需要有很多的耐心與等待，只要有行動，就不會在原地踏步**。

不是所有人天生下來就是好的教養人，有些人從小就被忽略或離棄，甚至虐待，但是因為當時年紀小，是需要依附對象的，因此會努力委曲求全（像小嘉一樣），卻不明白為什麼自己會受到這樣的對待？等到自己身為父母，無形中就會將以往的經驗重新複製，卻渾然不覺。也可以說小嘉雖然身為母親，但同時卻是一位帶著傷痛的人，她沒有在原生家庭中學會親職，也因為沒有模仿的對象，因此她就以同樣的方式來對待自己的子女，這就是所謂的「傷害的延續」。除非小嘉願意停下腳步，反省自己為什麼會這麼做，就還有改變的機會。

STORY 21

不是的父母親

有位大一女同學來求助，但是花了許多時間敘說自己悲慘的遭遇之後，就消失不見！後來發現這是她慣有的模式，就是找一個人聽她的悲慘故事，然後就銷聲匿跡。

女同學是家中兩個女兒的老大，母親早逝，現在的母親是繼母，家裡是做生意，幾乎全家都需要投入家庭的經濟行列。她說每天一大清早起床協助生意，已經是多年來的習慣，但是儘管如此，還是常常受到父親的斥責與鞭打。準備重考大學時，她一方面努力協助家中事務，同時希望自己可以掙脫父親的鴨霸與虐待，後來她與妹妹二人終於如願搬出原生家庭。只是這麼多年來的痛苦未解，每天還是生活得很痛苦。這位大學生的求助行為模式依舊，只是到諮商師面前敘述自己的悲慘遭遇，以及目前的困境，但是卻沒有勇氣進一步試圖做解決，**也許對她來說「問題解決」之後要面對的未知是更可怕的，因此讓問題懸而不決，可能自己較為習慣，也有安全感。**

我們在心理治療現場，常常聽到「天下有不是的父母親」的故事，當然相對地也有許多「不肖的子女」，只是這些父母與子女都不會出現在諮商現場。這個故事裡呈現了一個暴力父親，而其他人幾乎是受害者，但是因為親權中有管教子女這一項，也不是外人可以干預，然而家中只要有一人施暴或受暴，其他家人都會連帶受到傷害，而心裡的傷害卻可以影響深遠！也許這位父親因為早年喪妻（或虐妻？），沒有走過哀傷階段（或不願意改進），於是他用許多的斥責與暴力來掩飾自己內心的傷痛或施行暴力的合理性，倘若子女認為自己是無助的、無法擺脫命運的安排，可能造成的是偏差子女與龐大的社會成本。但是如果有一些協助處理可以介入，或是延伸家庭其他成員可以補足這些功能，預後情況會更佳！但是問題在於我們的傳統還是不管他人家務事，而許多的問題與犯罪家庭也是「孤立」自己的居多，也拒絕外界的援助。

另外一位高中生，自小成績優異，雙親也引以為豪，只是他們沒有重視孩子除了課業成績之外的表現（包括人際關係、個性養成、生活習慣等），後來發現孩子幾乎沒有朋友，所言所行也不會同理他人時，已經來不及了。美國康乃狄克州的杉地伍德（Sandy Wood）小學所發生的濫殺命案就是後果之一。現在許多家長因為經濟的緣故，必須要到外地工作，無形中就轉變了親職的型態，許多父母親因為平日極少花時間與孩子相處，加上許多原本屬於親職的責任都外放出去（如安親、補習），與孩子相處的時間更少，倘若沒有在孩子成年之前有積極或轉圜的作為，可能會留下許多遺憾。

諮商師的解析

在第一個案例中，父親的暴力讓孩子有「習得的無助」（learned helplessness）、無力感，這是身為「受害者」的特徵，而家庭原本是提供一個人最初與最終的安全與歸屬功能，現在卻無法發揮，試想：這樣的家庭氛圍會造成怎樣的負面影響？母親的滋養與關愛，提供個體求生需要的基本生理與心理條件，而父親的保護與控制，對孩子行為的約束與管理效果最大，倘若兩者失其一，卻沒有其他人可以補足這樣的功能，那麼孩子行為失序，甚至違法之可能性就增加。

親職是家長雙方協調而運作最佳的教育模式，雙親的參與都非常關鍵，不能只歸於一方負其責。許多學者與研究者都提醒我們：「家長是需要反省的。」沒有人是天生的「良」父母，但是可以透過經驗與學習做得更好，而許多的「好」

父母也不一定養成「好」小孩，還需要將彼此的特質與需求考量在內，是否能夠達成「速配」的親子關係。

只要是父母親沒有適當地承擔起親職責任（包括養育與教育），就可能是失職。只不過，現在有太多的父母親幾乎將原本屬於自己責任範圍內的親職外放出去（如安親、補習班等），每天為了要賺取足夠的生活費或補習費而奔忙，有時候孩子只是需要與父母親相處，不需要額外的物質享受或是酬賞——有些父母親卻發現自己無法與孩子好好相處，因為彼此太陌生了。

STORY 22

不得不聽話

一位中年父親，自從與妻子離異之後，獲得三個孩子的監護權，其中他最疼排行老二的女兒怡宣，怡宣也是家裡第一個上大學的，但是卻常常感受到「不能呼吸」的焦慮情況，她說：「我爸常常跟我說，他最愛我，如果我背叛他，他就不要活了！最近他跟我說，我畢業的時候他會有一個大動作，害我一直擔心到現在，因為我不知道他會做出什麼事！」所以怡宣即使想念母親，也不敢去看母親，擔心這樣就是「背叛」父親，也擔心父親會有可怕的舉動發生。

怡宣說她常常覺得人生無趣，但是又不敢讓父親知道，父親知道的也只是比較正面或是快樂的事。她曾經有過一次戀愛，是對方主動找她的，也是對方主動分手。怡宣說自己好像沒有反抗或是選擇的能力，一切都很被動，而這個失戀的傷口一直到最近才浮凸出來，讓她倍感困擾。

原來之前父親曾經自殺過，後來他告訴怡宣他之所以繼續存活下來，是因為怡宣這個女兒，因此怡宣很擔心父親說的就是自己畢業之後會發生的「大事」！父親也嚴禁怡宣與母親連絡，因為擔心母親會亂講話，破壞父親在怡宣心目中的印象，怡宣說自己與兄弟幾乎是沒有什麼對話，在這個家，每個人各忙各的，好像也沒有什麼相干。

怡宣的父親是「正常」的嗎？如果以一般離異夫妻來說，擔心自己的形象受損，或是子女向另一方靠攏，似乎是很平常的事，但是退一步來看：為什麼夫妻不和卻要以孩子作為犧牲的籌碼？孩子何其無辜！怡宣的父親是不是將怡宣當做妻子的「替代品」？他緊緊抓握住孩子，是因為愛，還是控制？我在臨床工作上曾經碰過一個類似的案例，一位妻子逃跑的丈夫，將他對妻子的憎恨表現在對女兒鄙視與污辱上，但是偶爾又表現出很愛孩子的模樣（其實是抱歉與愧疚），孩子幾乎精神崩潰！

怡萱在這個家中，沒有一個性別角色可以模仿與學習，這些當然可以從其他管道（如延伸家庭或學校）來做補足，但是她又被父親限制與要求許多，也很難發展出核心家庭之外的支持系統，因此她呈現出來的就是擔心、恐懼與信心不足。怡萱的父親很擔心失去，但是對象只有怡萱，而不是其他的孩子，所以他的擔心失去可能與妻子有關，也可能與他對於女性的刻板印象（如女性應該知足、被動、不能逃離家庭）有關，況且他還常以激烈手段要脅女兒不能背棄他，這已經不只是單純的一位父親擔心失去孩子可以做的解釋。

無獨有偶，另外一位大三男生小毅也面臨同樣的困境。他說家裡三個孩子裡面他最聽媽媽的話，可是他幾乎是每天都要打三通以上的電話給母親，同學們都視他為異類，連跟同學一起打籃球，只要母親不答應就不能去！進一步了解他家裡的情況，原來大姊三十多歲了依然住在家裡，連約會的對象都沒有，因為媽媽掌控得很嚴厲。大哥本來也是乖乖牌，但是受不了母親老是批評他選女友的眼光太差，後來乾脆與女友同居、不回來了，母親卻也因此第一次妥協，大哥就將女友帶回家來一起住，算是家裡第一個「革命成功」的案例。現在母親將焦點都放在他身上，早晚監控，他覺得無法呼吸，但是卻沒有叛逆的勇氣，因為媽媽常常以死要脅，只要是跟爸爸有衝突就尋死尋活，打電話要全家人都回來，孩子們也都乖乖地看著這一場鬧劇一直重演。

諮商師的解析

在第一個案例中，我很關切的是怡宣對於其他男性的觀點又如何？她在之前的戀愛中也呈現了「被動」的角色，甚至分手也是暗自垂淚，不敢聲張。而她在家中掌控的父親、曾經失戀的經驗、不親近的兄弟，這些給她怎樣的印象與教育？**許多父母親將子女視為自己的延伸，包含希望孩子去成就自己未能完成的夢想，或是過度補償自己曾經犯過的錯誤，這相對地也限制了孩子做自己、發展自己人生的機會，孩子成長之後會有許多的不甘心與悔恨**。父親擔心自己再度失去，同時卻不肯放手讓孩子去發展自己的人生，甚至將自己的生命跟孩子的綁在一起，讓孩子感覺動輒得咎，怡宣當然會覺得怨恨與不忍，隨著時間過去，她會更不敢走出去，毀掉的豈止是怡宣的人生而已！

第二個案例裡的小毅，被傳統「孝順」的情緒綁架，另一方面企圖想要的「獨立自主」卻屢屢受挫，因此他讓人看起來就不像是「男人」，總是畏畏縮縮。他自己很清楚自己的膽小、不敢有作為，此外他也會抱怨沒有女生喜歡他，而他喜歡的女生也瞧不起他，這對他是多大的挫敗與傷害！

我們社會的「孝順」其實說穿了就是「順＝孝」，父母親認為孩子不聽話、有自己的意見就是不孝，讓孩子無法自在去發展自己，這也是「集體主義」文化的缺點。如果父母親之前曾經被受限，是不是會期待孩子與自己有不同的人生？可是我們卻看到歷史不斷地重演。難道就沒有中間可以平衡的立場？

STORY 23

爸媽的戰爭

阿盛接到兒子班導的來電，說最近兒子阿強常常出手打人，要不然就是「口出不遜」，甚至有侮辱女性的言詞，因此特別請阿盛前來一談。阿盛只是說自己與老婆已經分居多年，兒子跟著自己，主要是自己的父母親會照顧，他說自己對兒子要求嚴格了一點，應該沒有什麼問題，況且兒子在他面前也表現得很順從，應該只是「與班上同學相處的一些小問題」而已。但是班導認為不應該忽略其嚴重性，介紹阿盛去見諮商師，好好釐清一些問題，不要讓孩子小小心靈受創。阿盛並不願意，一則他認為家務事外人不必管，再則因為他也是受過高等教育的人，但對於「對話治療」沒有什麼信心：「如果很多問題談一談就好了，世界上也不會有這麼多問題了。」班導最後只好將阿強轉介到諮商中心來。

五年級的阿強長得很強壯，但是有不少過敏的問題。起初阿強不敢提起家裡的任何事，諮商師只好從其他的遊戲與繪畫方面著手，讓阿強可以熟悉治療的環境，慢慢地開放自己。諮商師發現阿強有說謊的習慣，因為有時候問的話前後兜不攏，說謊通常是因為孩子想要保護自己或其他人。

阿強的父母親是大學時期就認識，理應情感基礎很深厚，但是兩個人個性都很強。阿強說有時候媽媽跟著一起同桌吃飯，但是爸爸卻對著他講媽媽的事，阿強覺得很奇怪：為什麼他們自己不對著對方說話？所以有時候爸爸挾菜給阿強，媽媽就對阿強說：「你吃這個會拉肚子。」有時候的情形正好相反，阿強覺得自己快要瘋了！阿強說他只要功課考前幾名，爸爸、媽媽都會高興，可是他常常因為作業沒寫好，爸爸就會一直罵他，說他像「他媽」；媽媽則會幫他做功課，讓他覺得很輕鬆。

阿強說他喜歡媽媽，因為媽媽都會照他要的做。很怕爸爸，因為爸爸會罵他或打他。雖然偶爾叔叔與姑姑回到家來會幫他，也會帶他去玩，可是絕大部分的時間還是跟爸爸。爸爸也常跟他說媽媽不好的地方，媽媽也會說爸爸對孩子不好之類的話，阿強說：「他們都不喜歡對方，為什麼要結婚？」阿強還說：「我比較喜歡大伯，如果大伯是我爸爸就好了！」

諮商師的解析

孩子最常成為夫妻不和時的籌碼或爭奪的對象，本例中的阿強就是其一。阿強年幼時，可能無法理解父母親為什麼要這麼做，等他漸漸長大，有時候就會用問題行為的方式出現，如阿強的說謊與暴力行為，這些都是他發出求救訊號的表現，只是大人們都還是只專注於自己的問題與爭鬥，看不到孩子受傷淌血！

阿強是非常會觀察的，因此他很清楚父母親要的是什麼，也養成了投機的習慣，在嚴厲的老爸面前，他乖順得像綿羊，在老媽面前就頤指氣使，甚至會欺負比他弱的人！也因為父母親彼此只為自己的利益，只想在孩子面前表現出是模範，另一方面卻有意無意醜化對方，第一個出現問題的就是阿強。

儘管老師也對阿盛說過，孩子很容易成為夫妻不和的犧牲者，但是阿盛嘴很硬，不願意承認他發現孩子有問題行為，這樣的自尊心不只是傷害了伴侶關係，也嚴重傷害到孩子。這也是我在處理許多孩子的案例時，一定要家長一起出席的主要原因，我希望他們可以很清楚自己在孩子心目中的地位以及影響力。只是，多半時候是母親願意為孩子犧牲與隱忍、配合諮商師的策略，而父親卻通常是破壞的那一方，此時我就會思考到我們傳統文化的「男權至上」主義，許多男性為了自己的「面子」，寧可犧牲更多！

阿強很聰明，他的心理負擔也很大，至少超出同儕許多，因此我不認為他進入青春期之後會這麼容易「受控制」，而他老爸自豪的掌控權，可能是最先要接受挑戰的。

STORY 24

流著原罪血液的孩子

二十多歲的小樺認為自己的原罪是在「母親是小三」，所以才會有接續下來的許多痛苦與不堪。因為家庭的因素，小樺一家就住在外婆家，最讓小樺痛的就是舅舅的暴力行為與言語，而母親又不會為孩子出頭，讓孩子飽受欺凌。

小樺說自己從小就很怕得罪人，總是委屈自己，甚至違背自己的意願，她雖然儘量保持樂觀正向，但是夜深人靜時，還是會莫名痛哭。小樺說她不相信男人，男人不是背棄家庭（如生父），就是為自己的挫折或失敗找藉口（如舅舅），她想要早日獨立，過自己的生活。小樺提到外婆，似乎是故意讓自己不看見兒子的暴行，反而要孫輩自己去好好檢討言行。對小樺來說，家庭是她的唯一，卻也是最痛。

「**我發現自己對於別人的批評很敏感，只要一個眼神或是一句話，就會讓我連結到自己**，我想我是不是一個值得活下去的人？我又是為什麼目的被生下來？」小樺說在大學畢業之前，她一直對自己很懷疑，後來幸好上了一些課，看到其他人不同的生命形態，才稍稍釋懷。「以前，我不懂得為自己而活，總是覺得那是一種奢侈，因為我總是要去顧慮到身邊的其他人。我不喜歡我媽媽的作法，她好像除了養活我們，沒有做其他的事，我也不想知道她當初為什麼要生下我們三個？」

小樺之前有過一段戀愛，但是很淒慘地結束。小樺回首那段戀情，她說她開始看見自己為什麼不珍惜，老是挑剔。「原來，我把自己多年來所忍受的怒氣發洩在他（男友）身上，他成了一個無辜的受害者。」我們一起檢討上一段戀情給她的學習，不僅讓她更清楚自己，也更知道傷痛可能的來由與影響。

諮商師的解析

小樺的母親沒有名分，加上在娘家的地位不高，甚至無法護衛自己的子女，因此也讓小樺的傷痛更沉重。小樺寄人籬下的生活，讓她學會看人臉色，凡事委曲求全，但是又心有不甘，因此隨著她漸漸成長，也有了自己的判斷，開始長出自己的力量。

我們的社會對於「小三」的看法是很負面的，當然也會延續到下一代身上，彷彿所有的「原罪」都在小三身上，男人都沒有錯，這就是典型男性主導社會的表現。小樺的母親也因此在自己原生家庭沒有屬於自己的位置，尤其還要回到娘家倚靠自己的原生家庭，像是「二等公民」，自然不敢「呼吸得太大聲」，當然對於自己弟弟的「嚴厲管教」孩子無法置喙。由於母親有自己的考量與傷痛，自然無法顧及孩子，而小樺也因此必須要兼顧他人的感受，也想要保留自己的自尊，常常讓自己處於兩難之間。

小樺被影響的是對於家庭的看法、兩性的關係、男性的權力與女性的懦弱，以及對異性的不信賴。**幸好小樺已經開始做自我療癒的工作，這能夠讓她覺察較快、也較清楚，可以避免因為情緒或傷痛而影響了自己的判斷與發展**，當然這是一條漫長的路。

小樺的案例，不能只看小樺一個人，而是要將她的關切議題放到其原生家庭、延伸家庭，以及社會文化的脈絡中來檢視，要不然諮商師很容易就將小樺視為「病人」或「有問題的人」，無法有效協助小樺的問題解決。

無法填補的心洞

小佳雙親結婚後住在父親原生家庭內，母親與妯娌關係不佳，小佳說母親常有負面情緒，小佳也常常會看到爸媽吵架。爸爸會出去玩或賭博，因此父母親口角不斷，小佳目睹雙親不和已經是家常便飯。有一回父親還拿鍋子打母親，她除了哭不知道該怎麼辦，跑去找哥哥，與哥哥兩人就在客廳裡哭。小佳說父親交了壞朋友、賭博、沒有工作，也有外遇，而父親也是刻意讓母親發現自己有外遇（他故意把外遇的照片放在車上）。

小佳念國小四、五年級時雙親離異，她也因此上法庭作證（法官問她要跟誰）。小佳提到祖父也很風流，但至少會顧家，然而自己爸爸卻連這一點都做不到：「沒有我爸，對我來說比較開心。」小佳說父母仳離之後，雖然讓她難過，因為媽媽必須要一個人去賺錢，感覺少一個人的幫忙，雖然雙親離異前也是母親在工作賺錢，但是感覺還是不一樣——家不完整。母親自己開店做生意，看到母親辛苦，小佳覺得難過，同時也希望自己可以早點有能力協助母親。

小佳說以前她不知道自己一直不快樂，但是可以感受到即使有好事發生，心裡有一塊地方會隱隱作痛，感覺快樂不實在。小佳說自己與同儕相形之下，會比較容易感同身受，也比較成熟，會想很多，但是卻不敢跟別人講自己的一些想法，怕會在別人面前哭出來。母親會跟她談到這些過往，情緒還是很激動。父親近一年才與他們有連絡，之前音訊全無。父親對於子女教養費都不負責，母親也覺得很不公平。小佳說她不相信「永遠」，特別是親密關係，她也發現自己不容易相信別人。

小佳現在也會去檢視母親，認為母親說話反覆，沒有自己的立場，常常受到別人動搖想法，而父親較固執、自私，也會比較維護他們家人。小佳認為父母不和、缺乏溝通，母親強勢（對父而言），父親不負責，她認為沒有爸爸無所謂，但是有時候會羨慕有好爸爸的人。前幾天父親打電話來說很想念小佳，小佳說自己沒有特別的感受，自己跟唯一的哥哥也不親，感覺很孤單。

諮商師的解析

小佳一直有情緒上的困擾，也曾經有過不好的念頭，但是目前沒有危險。小佳是上了輔導相關課程之後，才找諮商師做自我整理，她想知道為什麼她的快樂都不實在？有時候應該是讓人歡欣鼓舞的好消息在她身上發生，她卻只是笑一下，卻提不起勁。有人認為她很奇怪，久了，她也覺得自己與眾不同。上了大學之後，雖然也會碰到同學家庭情況不同，但是小佳就是不想說。每逢假日，小佳也不會想回家，回家也只是一個人待在房間裡，她覺得自己很孤單，有時候是應母親要求返家，卻覺得回家只是盡義務。

小佳花了很多時間去思考家人關係與親密關係，都得不到解答，她後來就認為自己是一個犧牲品、是雙親用來鬥爭的工具。小佳以前會跟哥哥說，但是哥哥慢慢也變了，變得無情、不可親近。小佳在雙親身上感受不到愛，甚至認為是很深的仇恨，她常常自問：「為什麼他們要結婚、生下我們？」的確，**我們不能選擇自己的父母親，但是我們可以選擇讓父母親影響我們多少**。這也是小佳在諮商過程中學習到的智慧。

家人原本應該是最親密的關係，小佳卻感受不到愛，所以她也慢慢對於愛的付出開始有質疑。小佳嘴裡雖然說她不相信愛也不渴望愛，但是我很擔心小佳未來會不顧一切努力追求愛與認同，甚至容易失去較佳的判斷力，這就是因為失落而造成的補償心態。

為家撐著一顆心

STORY 26

我不要回家

十九歲的小泳，剛上大學一年級。進入大學對他來說是一種放鬆，因為終於可以脫離家庭，開始獨立生活，可是他也真的太「獨立」了，同學們幾乎可以回家的時候，唯獨小泳還是待在宿舍，有時候就一個人在校園附近晃蕩，感覺上是無依無靠，教官有一回詢問他，他才哭著說：「我上大學以後就發誓不要回家。」

既然不要回家，可是卻又有這麼激動的情緒，到底是發生了什麼事？後來室友金錢失竊，嫌犯就是小泳，雖然還了錢，室友也願意原諒，但是小泳很擔心自己的獎學金受到影響，那麼他就必須回到自己的家庭了。小泳願意接受教官與導師的條件，與諮商師談一段時間，也讓自己的偷竊行為不再犯。

小泳很誠實，說自己此次不是初犯，小學、國中與高中都有過類似的行為，也都在被發現之後停止了偷竊，這一次的結果似乎較為嚴重。諮商師詢及他為什麼不想回家？小泳也坦然說明家裡的情況，他說雙親離婚但仍同居一室，大哥先「有」後婚，目前也是離異狀態。

「我爸、我哥都恨我媽。」此句脫口而出之後，小泳涕泗奔流！「當你說出那一句話的時候……」我說：「很痛苦吧！」然後他說：「我不要有感覺！」我悚然一驚！這個孩子真的是壓抑太久了，然而也證明了他是有感覺的，而且感情豐富。只是到底是什麼樣的經驗讓他有這番驚人之語？一個不想回家的孩子，以及一位怕有感覺的孩子？

我告訴小泳他可以做「選擇」。對於自己所誕生的家庭不如自己預想，只是一個「遺憾」，況且他現在才十九歲，有大好未來在等著他，他可以選擇過去「影響」自己多少？以前年紀小時能力還不足，認為父母親是自己唯一的依靠，不知道該如何處理問題，但是現在他已經慢慢長大，**他可以選擇讓自己受過去的影響的程度，不會讓自己手足無措，定位自己為「被害者」**。

我讓小泳去看一些書，接觸一些自己以前沒有接觸過的生命故事，從中得到領悟與啟發。我告訴小泳，父母親有自己的生命議題需要處理，他自己的生命自己負責，因此他可以開始為自己的生活打拼，父母親的經驗可以作為他最好的借鏡與警惕，我相信他的人生會不一樣！

諮商師的解析

父母親因為彼此關係不良，牽連到整個家庭都為其付出慘痛的代價！有些父母親很殘忍，這是我多年臨床經驗得到的一個心得。有些父母親以孩子為武器，不肯為孩子的福祉做最佳考量，反而為了要報復彼此，以子女為俎肉。這些父母親故意忽視孩子的痛，主要是因為他們為了不讓自己痛的緣故。

我們社會的傳統以家為重，子女背負著父母親未盡的夢想與「情緒殘留」（就是雙親之前受過的傷痛），無法展翅飛翔，甚至無法做真正的自己。許多子女受到父母親「情感綁架」（用親情來綑綁，威脅孩子），孝順的孩子不忍心，常常是犧牲最多的。反而是那些不理會父母親需索的孩子，可以有一些短暫的自由。

我曾經遭遇過一位成年女子，一直有自傷的傾向，因為她的母親常常將自己生命中的不幸怪罪在女兒身上，但同時又很依賴女兒，還告訴女兒說萬一女兒出事她也不想活了，女兒到後來根本不清楚自己為什麼還苟延殘喘在這個人世間？她以為自己只是行屍走肉！有時候會希望母親死亡，但是隨之而來的是更大的自責與痛苦，最後就是以自傷收場。

小泳的雙親即便離婚了，還是選擇住在一起，彼此都不想讓對方的日子好過，卻讓全家人陷入悲苦之境！孩子看不到未來，也經常在人際關係中受挫，這樣的孩子怎麼會快樂？

STORY 27

杵在籠子口的青鳥

文綺是家中唯一出來念大學的孩子，但是自從她念了大學之後，越來越發現自己與原生家庭的價值觀有很大的歧異，但是又不敢對家人說。她知道父母親很辛苦撫養他們五個子女長大，雖然父親是有點黑幫底子，也認為凡事都要靠勞力，但是在家裡的威權是不容許子女有不同意見的。

文綺說自己很不想回家，因為家裡沒有人可以跟她談論這些困惑與疑問，即使是跟她最親的二姊，最近也不常回家，而且兩個人的想法越來越遠，文綺不知道是怎麼一回事？她說她不想要跟家人有距離，只是越來越看不慣父親對母親與孩子的方式，卻又不敢對父親說。有時候她回家看到遊手好閒的弟弟還在附近跟一些「小混混」在搞一些有的沒的，就很氣又擔心，氣的是父母親都要依賴他，他卻這麼不爭氣，擔心的是萬一他出什麼差錯，將來可怎麼辦？

每次一回家，她就覺得很痛苦，只要一拿起書本，就會聽到爸爸說：「會念書有什麼用？還不是在家浪費錢？」可是，她也不想回家啊，是爸爸硬要她回來的，至少她可以跟其他同學一樣，偶爾出去玩，或是去同學家。文綺在談到自己家裡的情形時，其實也語帶保留，她也擔心我會洩漏一些可能會危及她父親或家人的訊息，可見她對於諮商師的專業倫理部分是很了解的，而我也不否認她是一個好學生。現在要畢業了，文綺希望可以走出家所在地，到外縣市去闖闖，但是父親說家裡還需要她幫忙，要她留在家裡。

我建議文綺先離開家去接觸世界其他的訊息，然後她才會更清楚自己要的是什麼？於是她先找到距離家有幾小時車程的工作，也開始賃屋居住，自營獨立生活。雖然薪水不多，但是她非常自由，充分享受了一般成年人有的自由與獨立，我希望她可以攢一些錢，開始為自己的未來作打算。但是好景不常，下半年，在父親強力的要求下，文綺又妥協了，她寫信告訴我：「我只回去幫這一陣子，我還是會出來過我想過的生活。」可是有好一段時間沒有文綺的消息了，不知道她目前過得如何？

諮商師的解析

平常在治療現場，我很少主動提建議，但是因為我接觸文綺這麼多年來，可以感受到她在矛盾與掙扎間過生活的煎熬，我最後做了這樣的建議。我們治療師都了解，一般情況下我們是面對當事人，因此可以改變的也只有當事人本身，然而如果情況不是當事人可以掌控的，甚至只要當事人一回到家裡或是社區，他／她的力量就會被淹沒時，我們只好改弦更張，重新思考更好的策略，有時候是改變環境，當然這需要更多的資源與力量的介入，退而求其次就是讓當事人離開那個有害的環境，這樣會比較簡單。

文綺離開過家，希望可以先讓她自己長力量，然後再回到家裡去做適當的改變，包括可以讓更多家人與她有同樣的思考與感受，然後大家可以結合彼此的力量，做更大的改變。**家庭治療師相信人是系統裡的一份子，只要系統裡開始有一**

點點改變，就可能帶動更大的改變，當然我們也很清楚改變不容易。也許有人會說，讓文綺嘗試了自己獨立自由的滋味之後，又讓她重新陷入家庭的混亂漩渦之中，不是讓她更痛苦嗎？我的想法是：至少她嘗試過，了解箇中滋味，也在經驗中讓自己更有力量，那麼即使她回到原生家庭中，還是可能發揮自己的影響力。只是啊只是，誰能夠預測結果呢？

家庭對文綺是一股拉力，要她向家靠攏，不能有獨立自主的機會，因為這樣就是背叛、不忠，只是父母親為了自己的私心，不讓孩子去發揮、過自己想要的生活，只為了讓一家人結合在一起。文綺與外面世界的接觸，包括她上大學，看到其他人的生活方式，這些自然給她很大的刺激與嚮往，只是家再爛、再不合常理，總是一個人最後的歸宿！文綺在忠誠與自我之間掙扎，被夾殺在父母親主導的「凝聚力」與自己想望的「自主獨立」之間，這樣的困境是我們共有的困境，只是大多數的父母親會懂得適時放手，讓孩子有機會去翱翔天空，有少數的家長則不做如是想。

如果以女性主義的思維，不願意放手的家長就是一種父權或霸權的表現，將子女視作其私人財產，可以任意使用或管控。我們當然理解父母親不願意放手的愛，希望可以自己保護孩子，為孩子抵擋一切危險，但是父母親不要忘了：**孩子有自己的人生，父母親也是！**為了不要讓孩子後悔終生，雖然會有擔心或不捨，但是還是要忍痛「放乎去」（臺語「讓他／她去」），才是正確的作法。

你們在辦家家酒嗎？

小麗說自己的父母親好像是在玩家家酒，隨便就結婚，隨意就離婚，自己的事情都喬不好。小麗認為自己在生、心理都有過創傷。

小麗說自己的父母是在父親離家後才離異，她之後是由父親監護，但是父親與人同居，極少回家，母親則是與姊姊（長小麗五歲）住在家附近，她是出生一個月左右就隨祖父母長大直至現在。小時祖父母會阻止小麗她們母女見面，她夾在兩家之間很為難，後來長大了，自主與行動力增加，祖輩就管不著了。小麗說母親與祖母的節約觀念不同，祖母非常節儉，簡直到了吝嗇的程度，而母親認為該花的錢就要花，所以兩個人很不合。小麗在高二因為選系問題（她想修社工，祖父母認為沒錢賺）、大二那年夏天因為頂嘴（被父用腳踹背）都曾遭受父親毆打，母親那時還帶她去警局備案。

父親嗜賭欠債，也不養孩子，母親認為他沒出息。小麗記得小時候還會去父親經營的電玩店玩，後來店收了，有好一陣子也沒見過父親，好像父親就這樣消失了。她還記得父親會關心她的成績，不好就會責罵，小麗態度就較為強硬，也不與父親妥協。父親在婚前就有暴力記錄，現在與人同居還是劈腿。

母親方面也是脾氣不好、任性、幼稚、有暴力傾向，還有長期的單親親職壓力、情緒上有躁鬱的情況。小麗說母親曾經用菜刀砍門，把來幫忙的外傭給嚇跑了。小麗說自己在叛逆期與母親也有過衝突，她記得國中時曾經因為無法繳交補習費就不能上課，但是母親不願意協助補習費，而且對外卻說了不同的故事，似乎要「逼她示弱」，小麗當時心裡懷疑說：「這是一位母親應該做的事嗎？」所以就離家出走，到祖父母家住，她說除非母親叫她回去，否則她也不會主動回去，小麗說：「因為見面少，也比較不會有衝突。」

小麗認為父母親都沒有盡到親職之責，也都沒有資格管她，但是相形之下，母親付出似乎較多。姊姊念五專，幾乎是被母親從小打到大，脾氣也不好，姊姊也曾經被母親持菜刀追殺受傷。母親稱父親為「垃圾爸」（臺語），父親表面上裝做不在乎，但小麗認為他其實是在乎的。小麗記得高二被父親打過之後，有一次家庭聚會，她發現父親不敢正眼看她，小麗覺得父親那個模樣很可愛，吃過飯後，父親拿一千元給她，小麗覺得那一幕很好笑。

小麗平常也不會去想這些過去的事，偶爾會與好友談起，自己則是寫網誌抒發心情。小麗對婚姻持悲觀態度，她認為婚姻沒有保障，男人會外遇，母親也有另類的想法，她勸小麗說可以與人同居，但不要結婚也不要生孩子。小麗說自己不相信別人，很沒有安全感，因為看到太多的負面事情。與別人相處不好時就會想起家裡發生過的事，這些經驗自己不會去想，但是也忘不掉，這才是令人難過的。小麗說一旦祖父母過世，她不會選擇跟父母親任何一方居住，因為：「不管是爸爸或媽媽，我可能都一直不認同他們，我覺得他們不稱職。」小麗承認自己也有點暴力（管教寵物兔是用暴力的方式），家中發生過的事件讓她「心智早熟」，「除了害怕難過，會想為什麼這樣？雖然懂，但是很難改變心意。」

諮商師的解析

小麗只是因為上課要交作業，所以才來諮商中心。我們也常常在這樣類似作業的過程中，發現許多潛在的案例，倘若可以說服當事人持續治療一段時間，通常效果不錯，因為基本上可以預防更嚴重的後果，至少也可以協助當事人做自我整理，不受到負面力量影響太大。

小麗是一個悲觀的人，也有點憤世嫉俗，從小在目睹父母親的暴力下長大，父母親把婚姻與家庭當兒戲，父親還不照顧孩子，讓小麗覺得人生沒有意思。就技術層面上來說，小麗真的是自己長大的，「家」對她而言，完全沒有積極意義。

根據研究，家暴的施暴者通常是男性，受害者則是以女性或孩子居多。目睹或受到家暴的男孩子，容易在日後成為下一個家暴施暴者，而女孩子則是成為下一個受害者。小麗也坦承自己已經有一些暴力的傾向。一般人很難相信：為什麼

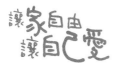

STORY 29

自欺欺人的完整家庭

許多女性為了要「維繫」一個家庭，不知道要付出多少代價，搞得身心俱疲！

有一對夫妻，兩人都受過高等教育，但是丈夫風流成性，甚至也不擔心緋聞傳到老婆耳中，做妻子的唯一因應的方式就是「假裝」什麼事都沒有發生、沒有聽見，但是夫妻都在教育圈，反而是旁邊許多朋友看不下去，偶爾會發出不平之鳴，但是做妻子的卻力挽狂瀾，奮力為丈夫緩頰！畢竟兩個人自學生時代開始就是一對，做妻子的很難割捨這段情感，加上又有子女，總希望給孩子一個「完整的家」，只是孩子漸漸長大，也開始會懷疑為什麼父親常不在家、母親常常暗自垂淚？更有些是父母同事的孩子，也會有意無意提到父母親，只是這些問題似乎只有母親在解釋與辯解，父親卻彷彿事不關己。更令朋友與同事生氣的是：妻子常常會低下姿態，為丈夫的前途「打點」，有時候被拜託的人都覺得荒唐！

另外一對夫婦也是類似的狀態，兩人是大學時代的情侶，後來力排眾議，結為連理，但是丈夫卻一直出問題，不僅是私生活上的不檢點，還傳出與學生的

「過從甚密」，做妻子的還是為了丈夫的「面子」與前途隱忍下來，甚至刻意「不發揮」自己的能力，讓丈夫先升等或是晉升職務。妻子後來對丈夫的婚外情已經免疫，只把丈夫的緋聞對象當作雲煙，反正船過水無痕，她的家庭可以恢復平靜就滿意了，但是也發現漸漸長大的子女不買父親的帳，與父親關係惡劣，要不是有一次緋聞對象「自導自演」直接闖到家裡來，當著她丈夫的面質問：「你要我還是要她？」做妻子的不會死心！婚姻還是如常，只是兩人已經形同陌路，常常勸夫妻倆人離緣的竟然是子女！妻子現在會自己過生活，而且以自己的名義買了房子，每天過得很自在，也很以子女的成就為傲，只是結婚這麼多年，只是為了子女嗎？自己的幸福到底在哪裡？

諮商師的解析

兩個案例裡的女性對於家庭都懷抱著「完整才是正常」的理念，也許是為了孩子希望保持一個完整的家，但是誰去問過孩子的感受？也許這兩位父親認為自己生命中的其他角色比較重要，不以「父親」的角色為優先，但是子女卻都看在眼裡，最令人擔心的是：子女會把這些影響帶入自己的生命裡，產生更多的變數！**沒有一個人的生命是單獨存在的，但是每個人都要為自己的生命負責，這兩者其實並不衝突，因為生命是互相依賴，也能獨立自主。**

現在社會自主意識高，只要不合都可以離婚或分手，**因此刻意去尋求表面上的「完整家庭」，很多時候反而讓在裡面生活的人壓力更大，甚至產生心理疾病！**十多年前，我還碰過夫妻倆十多年在同一屋簷下以陌路人的方式一起生活，彼此沒有交會也不說話，結果最先崩潰的是子女，要不是最小的女兒企圖自殺過多次，這個家庭秘辛可能就不會見光。夫妻倆都沒有遠見，只為了私己的利益或是意氣，將全家人的福祉做爭鬥的籌碼，造成全盤皆輸的局面，真是何苦來哉！另一對夫婦也是十三年在同一個屋簷下不溝通，子女都快要發瘋了，後來是妻子接觸到一個成長團體，思考到自己與家人的幸福，所以放下身段，與丈夫積極做溝通，後來丈夫幡然悔改，斷絕了婚外情，與妻子重修舊好。

我們社會中，夫妻最常以孩子為重心，卻疏忽了彼此之間關係的經營。倘若夫妻關係良好，其實就不必擔心孩子，因為孩子有良好的典範在前，加上夫妻關係堅實，可以克服許多難關。

STORY 30

我的大男人

小雲三十出頭，有一個七歲的孩子。她說是學校老師請她過來的，但她是假藉出來看病的名義，丈夫很快就會來接她。我當初以為小雲是外籍配偶，因為她長得很清秀、字正腔圓，後來才發現她是土生土長的臺灣北部人。

小雲當初也是與丈夫戀愛結婚的，丈夫長她十一歲，在自己家族經營的工廠工作。只是嫁來南部之後，小雲很少回臺北，丈夫的工作是三班制，但只要沒工作時都尾隨著小雲，幾乎片刻不離身，對小雲來說，在談戀愛的時候，這樣的行為很甜蜜，結婚後就大大不同了。小雲要出門，先是要經過婆婆的同意，而且還要告知回來的時間，要不然婆婆就會告訴丈夫，丈夫就會詢問她的去處與見了什麼人。小雲說她當初以為是丈夫愛她的表現，但是有一次丈夫說她交代不清動手打人之後，她才有點懷疑自己當初的想法。

小雲說自己被丈夫打已經不下數次，她認為自己應該要改正，這樣丈夫就不會再動手，可是她不知道南部有諮商的資源，知道她情況的是她孩子學校的校長，也勸她不能坐視不管，因為打人就是不對。小雲雖然是北部人，但是自小所受的教育都較為閉塞，她連自己被打都說是應該的，錯在自己回嘴。如果沒有這些背景資料，很多人會誤以為小雲是外配，因為有不少外配是遭受丈夫家暴的受害者。

小雲的丈夫管得很嚴，如果沒有正當名目，或是無家人陪同，小雲是不准出門的，連買菜那些工作也是婆婆負責，或是跟著婆婆一起去，她極少有單獨出門的機會。丈夫的學歷比她低，又是家中么子，目前與早年就守寡的婆婆同住，婆婆也常常教她女人要三從四德，所以如果她有委屈，婆婆基本上是不會站在她的立場著想的。

小雲說自己的情況都不敢讓娘家人知道，「老實說，他們知道了也不能怎麼樣。」小雲怕家人擔心，再加上家人即使知道了也無法替她解決問題，所以對家人就噤口不言，婆婆也三番兩次警告，不能讓外人知道家裡的事，因此小雲基本上是孤立無援的。

諮商師的解析

小雲的處境與受家暴的新移民一般無二，慘的是丈夫還管控她的行動與交友，讓她更孤立無援。小雲本身一則受到婆婆與丈夫的威脅，二則擔心娘家人受累，所以對自己的處境更是閉口不言，要不是她來孩子學校聽親職教育的講座，可能情況更不為外人所知！幸好精明的校長看出小雲的不對，趕緊替她找協助資源，然而光是這樣的「偷渡」方式，對小雲的幫助有限，因為萬一被發現，她的下場可能更淒慘！

諮商師請校長也連絡小雲住處的村里長，請這些地方耆老到小雲婆家去做說明與勸說，讓婆婆與丈夫知道家暴已經不是告訴乃論，而家暴對家庭與後代的影響更甚。小雲本身也需要建立可用的支持網路，娘家的人是第一線的資源不能或忘，接著小雲在居住地也應該要有朋友或親戚，在危急時刻會伸手援助。學校舉辨相關親職活動時，小雲的丈夫也應該力邀其參與，畢竟親職工作本就是雙親共同承擔與分工。

許多受暴女性也認為自己遭遇家暴很丟臉，不願意讓外人知道，甚至會怪罪自己識人不清才會有此報應，這些也不是正確的想法，畢竟我們都無法提前知道某人會成為家暴施暴者。一般人認為遭遇家暴者「有腳不會跑」，這其實是非常無知、不理解的想法。家暴受害者本身可能為了保護孩子或是家人，也可能期待用愛來改變施暴者，也可能是這樣的生活已經習慣而很難改變，也可能是跑出去卻沒有謀生技能，或者是擔心自己母親的形象受到另一半的污衊，讓自己在孩子面前抬不起頭來等等，有許多的複雜因素在背後，不是那麼容易下決定。因此，**倘若知道有家暴，第一件事就是先去報案**，現在家暴已經不是告訴乃論，是明顯的違法與犯罪行為，如果不舉報，會讓更多人受到傷害，而受害時間也會延長。

STORY 31

情緒連環爆的孩子們

阿杰的女兒念大一，但是自高二開始就陸續出現問題，先是與同學相處有問題，後來是只要有男生看她，就以為對方對她有意思，還會直接前去詢問，即使對方說沒有特別意思，她還是不放棄，會轉而去詢問家人。阿杰一向以子女自豪，因為孩子都很優秀，也幾乎都考上醫學院，只是女兒的行徑越來越奇怪，他卻一點線索也沒有！後來是女兒的「跟蹤」行為迫使學長休學，有一天同學發現女兒在宿舍割腕企圖自殺，事情才鬧大。阿杰想到么子前一年才住進療養院，怎麼現在女兒又出事？么子本來念醫學院好好的，但是可能因為功課壓力，後來告訴同學說：「有人叫我去死。」同學轉介他給教官，但是也沒有做適當處理，後來在期終考前，兒子突然自住宿的三樓一躍而下，雖然保住了性命，但是情緒狀況一直不佳。

阿杰所說的故事忘了一些細節，他後來才提到岳母似乎也有精神上的問題，只是大家都說是「精神耗弱」，需要休養而已，所以也沒有人敢刺激她。有些心理疾病有遺傳因子，但是有遺傳因子卻不一定會發病。統計資料顯示許多心理疾患在青春期就開始出現徵狀，因為外界社會的壓力，加上其本身發展的需求，常常容易引發疾病的出現，只是以前的鑑定較不足，無法做適當處理，現在雖然鑑定工具與精確度夠，卻礙於家長的親權，有時候孩子反而不能得到適當的醫療，就耽誤了其預後效果。

諮商師的解析

許多的臨床案件，不是靠醫師或治療師就足夠，因為病患或當事人身處家庭之中，與家人相處的時間最長，若能讓家人也有能力以有效的方式照顧當事人，相信其效果加倍！只是照顧一個病患耗神耗力，不是長久之計，現在許多醫院有門診，或是日間照顧的措施，可以紓減當事人或病患家屬的壓力。此外，也因為家屬可能有照顧壓力或是其他不敢言說的心事，也都可以同時找醫師或治療師做診治與談話，醫師若沒有轉介，家屬也可以主動告知醫師自己有這樣的需求，不要讓家裡因為一位病患而連帶產生了其他的病患。

家庭是一個系統，除了家庭是大環境（社會、文化、生態）的一環，受其影響，家庭裡面的成員當然也受到家庭深遠的影響。家中若有一人生病，都會影響到家庭原來的運作方式與氛圍，因此沒有人可以置身其外。現在時代進步，心理疾病的診斷越來越精確，而每個人多多少少都會有一些壓力與未能解決的心事，不必去忌諱心理疾病的污名，把病治好才是重點。現在的社會雖然開放了一些，但是不少人對於心理疾病還是有許多的忌諱與誤解（所謂的「社會污名」），也因此造成病患家屬的另一重壓力。

沒有人希望自己或是家人生病，而生病也不是自己去要來的，大家將心比心，也許可以營造一個對心理疾患更友善的環境，讓每個人都可以安身立命。

家中的不定時炸彈

阿明的人生很灰色。他記得小時候印象很深的是母親拿著刀子追殺父親，後來長大一點去了解是否真有此事，父親就給他看傷口，證明確有此事。阿明認為父親是「功利取向」的人，只要阿明成績好就不會有太多干涉，而阿明在這一點上似乎也滿吻合父親的期待，因此小時候過得很快樂。母親有精神障礙（精神官能症，領有殘障手冊），脾氣不穩定，而父親是農家子弟，後來在自家開雜貨店（母親顧店）與神壇，但只要附近廟裡有法事，母親的情緒就會變得很奇怪。

阿明說自己「比較不知道怎麼跟母親相處」，母親跟妹妹關係較好，妹妹認為母親發病時只是在「生氣，氣過了就消了」，但是阿明不這麼認為，他說：「今天妳發病，妳就是另外一個人。」阿明說自己一開始是不敢去親近母親，長大之後是不想去親近她，因為他根本抓不到媽媽什麼時候要生氣、什麼時候不生氣。母親對阿明來說就像陌生的不定時炸彈，他不知道該如何因應。

阿明說自己在高二與大學階段都有過情緒沮喪的情況，後來自己去求助，前後「發病」過兩次，直到大四上學期才明顯感覺到自己很努力地在控制病情。阿明也承認自己會有情緒上的失控，但是「我儘量不要往（母親）這方面去推（測）啦，我覺得遺傳或許是多多少少，但主要是自己的問題。」

阿明認為母親該做的事沒有做，父親又不太理會他，父子間的溝通只有在高中要選組時才出現，但是這叫做「溝通」嗎？阿明也很疑惑：「他（父親）只注意到這個（選組）的東西，其他都不管。」阿明有點像是「爹不疼、娘不愛」那種「被忽略的小孩」：「我覺得在這個家裡我是滿孤單的啦！」雖然小姑姑可以提供他若干照顧，但是也不是可以長期、穩定地提供。阿明認為家裡太吵，所以他選擇緘默：「緘默久了就習慣了。我當時沒有能力去解決什麼，可是我又逃離不了。」

阿明說自己很想跟一些人做朋友、融入他們，就像是成長階段有一些可以談得來的同性好友：「至少在我的感覺中他是我很親密的朋友。」但是上大學之後，因為自己的憂鬱症而不想理人，所以無法像其他人一樣是從大一慢慢開始做朋友，因此一直是孤伶伶一個人，別人有活動不會邀他參與，他也不會主動問。

對於人際網路他現在還是很矛盾，就是一方面害怕孤單，還是需要有朋友或什麼的支持，但是另外一方面，卻又不敢把情感放得太重，害怕自己受到傷害，所以他多半都只是「泛泛之交」，但是別人不明究理，卻認為阿明有很多朋友，而阿明對現狀還是不滿足，他看到別人還是會羨慕他們有同性知己，因為這是女朋友也不能填補的位置。

阿明認為自己會刻意地想去成為某人，但是通常會造成反效果。而且他自己清楚刻意營造的是假的：「所以我一直就在假的上面過日子。」現在他也認清了，不喜歡這樣做。雖然阿明長大之後，可以體諒一些父母親的情況，但是無法做改變。上大學出來自己住之後他覺得：「好太多了！」雖然生活可以自理，但是卻超級孤單，大一大二時不知道怎麼辦，就讓這種感覺跟著他兩年，後來他學會去參加活動，找事情做來打發時間，比較會安排自己的生活。

阿明認為自己目前較有能力與父母親相處，他希望可以「解決」父母親之間的問題，也說明目前比較能預測母親會發病的「關鍵」，也會提早作預防。阿明不認為父親不好，只是脾氣壞、固執，其實人很「古意」（臺語「老實」），他說：「也許真正有病的不是我媽，而是我爸。」

諮商師的解析

阿明覺得活著沒意思，不太清楚自己的人生目標。母親罹患精神疾病，無法執行有效親職，父親脾氣不好，也無法照顧好妻子，所以就造成阿明的「無依無靠」。阿明的情緒一直很低落，對人生沒有什麼目標，一直到上大學之後離開家，感覺到束縛的壓力較小了，可以過輕鬆一點的生活。只是他在大學還是「孤獨一匹狼」，與他人的關係停留在表層，內心還是很空虛。

其實阿明的內心是一個想得很多的人，也渴望與人有一些深層的互動，這就是所謂的「存在的孤單」。他的需求是這樣，事實上家庭卻不能提供他，所以那種深深的孤獨感，很容易讓人一蹶不振！阿明受憂鬱情緒困擾很久，還是堅強地活著，可以想見他內在的求生力量是多麼強韌！

對阿明來說快樂是很少的，他所擔心的事又不是自己能力可解決，因此這樣的無助無力感才是啃噬人最嚴重的。許多的孩子在這樣「無望」的環境下長大，通常對於自己、未來與現狀感到無望，這是典型的憂鬱症人會經歷的心理狀態，卻非旁人可以理解。阿明到大學會主動去求助就是很好的恢復契機，而他也需要更多的「參照」與角度，協助他看見更多的可能性（憂鬱症者最缺乏），接著他才可能會有行動去做改善。諮商師的陪伴在此時是很重要的，當然諮商師一個人的力量不夠，要讓阿明與更多人連繫，建立屬於他的人際支持網路，他一路走來才不會孤單。

彩虹色的心

STORY 33

當王子遇上王子

小動是嚴肅又畏縮的大一男生，他在諮商的理由上寫了許多文字，似乎生活裡的許多面向都出了問題。剛進諮商室時，他還在懷疑諮商可以協助他什麼？於是在閱讀諮商契約時速度緩慢，還重複複誦其中的幾條（我懷疑他可能有強迫行為）。我耐心等到他閱讀完畢，詢問他有沒有任何疑問？然後才請他簽名。小動雖然是主動求助，但是對於諮商服務有許多戒心，因此我特別花了一些時間讓他了解諮商的功能、進行方式，以及他與我所擔任的角色與功能。

我看著小動所寫的求助理由，於是問他哪一項最為急切，想要先談談的？小動就說懷疑自己是雙性戀者，因為他自慰情況頻繁。我於是詢問他「頻繁」的意思，還有在從事性方面的行為時當下幻想的對象為何？小動說自己最近幾乎都是每天至少一次自慰行為，但是因為住在宿舍，需要特別小心，之前他的幻想對象都是男性，然而最近上網看了一些色情影片，因此希望自己可以「正常」，所以性幻想的對象就有男有女。

我告訴小動**性傾向絕大部分是「天生的」，而且是「正常的」，不是個人可**

以「選擇」，只有極少數的人可能因為有性創傷（如被強暴、或是目睹家暴），因此才刻意選擇以同性為愛戀對象。小勳又提到看到有些人想要更換性別，或者是改變成「正常」，他也想要試試看。我發現小勳對於性取向的許多知識都嚴重缺乏，於是詢問他當他發現自己不同時，是怎樣的情況？小勳提到自國中開始就被叫「娘娘腔」，連父親也注意到這一點，要他舉止上做些改進，而父親似乎也知道他這個兒子的「與眾不同」，所以還為了他去求神問卜，小勳說：「我爸說我有結婚生子的命。」我沒有去批駁小勳的說法，只是說：「也許以後你會自己做決定。」我說一些同性戀者還是循一般管道結婚生子了，只是有許多人的婚姻因此無法持續，最後還是做了選擇，小勳表示自己不想要因為自己要「正常」而傷害到其他無辜的人。

小勳說自己是「外貌」協會的一員，很重視一個人的長相或外表，也會對不認識的人做外貌上的評比，他對自己的外表也不滿意，甚至抱怨過父親為何給他這樣的長相？因此他說有機會要去做整形。我說外表是父母親給的，自己不能選擇，對父母親來說，不管孩子長相如何都是最美麗英俊的，何況小勳的長相也還好，為什麼會對自己的外表這麼不滿意？小勳說是「環境造成」，我就詢問其所謂的「環境」是指什麼？他就說是電視媒體、網站等，他還問：「你認為小S很漂亮嗎？為什麼她都批評別人？」我回道：「那是綜藝節目要的效果，不然就沒有觀眾會看了！」我與小勳釐清一般人都沒有受侮辱的權利，何況是在公開的場合或是大眾媒體上。小勳後來說：「所以我也不應該去批評別人的長相了？」我回道：「因為長相不是自己決定的，這樣批判很主觀，也不公平，不是嗎？」

小勳與室友同住，但是彼此很少互動，他說自己從小就是孤單的人，看到校園裡面成雙入對的情侶，心中殊不是滋味，我解釋道：「也許是因為孤單？」接著我進一步了解小勳可能只是因為之前他人的不良對待，而將自己封閉起來，而他還是喜歡有人陪伴、與人互動，於是我詢問小勳：「有哪些活動可以邀室友或是與同學一起做的？」他提到自己今天剛剛與室友走路去吃飯。小勳有單車作為交通工具，但是他很少使用，因為認為不安全，所以他的活動範圍就很小。他還提到自己會不自覺地拔除身上的毛髮，我於是詢問他做這些動作的時間與頻率，也想進一步確認是不是焦慮下而引發的強迫行為？因此我先詢問小動，願不願意與身心科醫師見個面？看看有無服藥之必要性？小動頷首同意，我於是著手安排。

小動的許多困擾雖然沒有得到答案或解決，但是他至少開始嘗試對自己更好，雖然他還是希望自己可以變得「正常」，擔心母親萬一知道他的性傾向會否定、不認他，我強調父母親都是愛孩子的，只是因為擔心孩子的未來與生活，因此會想盡辦法讓孩子可以更好。我建議小動去看一些有關同志的電影，也去圖書館中找相關的書籍來看，同時建議他去參加一個我熟知的同志聚會，這也是他認識自己、肯定自己的第一步。此外，也自己去發展運動與活動的習慣，這樣就可以分散一些性衝動與精力，可以做更多有建設性的生活休閒。

諮商師的解析

在臨床現場其實很少碰到當事人會因為性傾向而來求助，絕大部分是因為碰到感情或關係議題，再不然就是情緒上的困擾，而前來尋求協助，小動算是少數。小動對於自己的問題願意坦承以告，我相信這些問題已經困擾了他夠久的時間，因此他希望可以儘快——甚至一次就解決——只是這些困擾由來已久，加上小動自己對於許多相關的知識欠缺了解，才會有一些較為不切實際的遐想，因此我要他去涉獵相關的書籍與影片，當他對於自己的認識更清楚時，也會重拾自信，知道接下來該怎麼做。

小動擔心家人的背棄是有所本的，因為人都有歸屬的需求，而原生家庭是我們的最初與最終，若無法得到家人的認同與接受，就如同被丟棄了一樣，自己什麼都不值！我之前在美國曾有一位諮商同業，他在大一那一年對父母「出櫃」

（說自己是同志），結果雙親卻帶他去做「轉換治療」（以電擊方式要他「變回」正常），他因此而離開家，自此不與家人連絡。我不希望小勳也面臨這樣的結果。

父母親當然也有自己的顧慮與擔心，最基本的應該是明白社會對於少數性傾向者的不友善行為（美國甚至有所謂的「仇恨犯罪」——只因為不同的性傾向而欺負、侮蔑或是殺害對方），擔心孩子未來生活與工作都遭遇阻攔，因此希望孩子可以「改變」，以免未來的許多痛苦遭遇。**說服家長了解性傾向不是孩子自願，家人可以怎樣協助孩子過更好**、**有自尊自我的生活**，**應當是首要之務**。當然如果社會大眾可以對少數族群有更多的認識與寬容，加上法律的適當保護，相信我們也可以成為更具正義與公理的美好國度。

STORY 34

你不需要道歉

小江是一位電機工程師，但是從大一開始就斷斷續續服用抗鬱劑，他說他很不快樂，加上現在年過三十，家人都希望他可以早日成家。我先詢問小江有沒有傷害自己的想法？他說有過好多次，也企圖做過一次，後來想到摯愛的家人就不敢下手，他也明確表示目前沒有自殺意念。小江開始提到自己心情沮喪的時間，以及當時心理的想法，曾經發生過什麼事。

我在聽了小江敘述發生在自己的一些經驗後，就直接問他：「你在什麼時候發現自己不一樣的？」他很驚訝，因為從會談開始，他就沒有提有關性傾向的這部分：「妳怎麼看出來的？」「我沒有『看』出來，」我強調：「只碰過許多類似的案例，做一個猜測而已！」小江嚎啕大哭，幾乎上氣不接下氣，過了一陣子之後，他為自己的失控抱歉。「你不需要道歉，可以哭出來很好。」我說。

小江是家中獨子，上面一位姊姊已經結婚生子多年，但是他也不敢跟姊姊透露任何有關自己的事，因為他知道：一旦露出口風，全家一定都會知道。「你是不是也發現，好像自己能夠讓別人知道的越來越少，自己越來越封閉？」小江連連點頭：「別人，我是說一般異性戀者不會像我這樣。」小江一語中的！這也是少數族群必須要去面對的最大困難。

的確！我們的社會還是異性戀主導的社會，因此**絕大部分的異性戀者不需要宣稱自己的性傾向，當然也不會遭遇到異樣或是歧視的眼光，在生活中不會碰到許多的刁難與阻礙**。「你知道嗎？就像我剛到美國不會開車，後來發現什麼事都跟我的不會開車有關！因為動不動就會被提起我不會開車的事，所以後來就乾脆不要提。」我舉自己的例子來聲援小江。

小江其實也找過一些治療師，有些治療師甚至對於同性戀者有歧視，卻不明白表示出來，讓小江更覺得自己的同志身分是「可恥」的！還有一位要小江玩一種戲法，就是去找一個女性結婚、生子，完成家人對他的期待，然後就可以過屬於自己的生活。但是小江不願意，他認為這樣是「糟蹋」了與他共結連理的人，同時也毀了對方的一生。我從這裡知道小江是一位負責、有擔當的人。

「謝謝妳知道我，沒有嫌棄我。」這是小江在第一次會談之後告訴我的話，

諮商師的解析

一般人終其一生也都在認識自己，同時希望得到重要他人的認可，這是小江痛哭的原因，因為他第一次被接納自己是自己，包括自己的性傾向，這是一般異性戀者不會意識到的情況，也是性傾向少數族群必須要面對的議題。

為什麼讓自己在乎的人知道自己是誰、接納與肯定自己很重要？想想看我們就是最希望自己的重要他人（如父母、家人、親密的人）可以看見我們，進而喜歡與認可我們，甚至以我們為榮。不被接納或肯定就是「拒絕」、「排斥」的意思，而這個拒絕或排斥與我們的「歸屬」需求是相悖的。

我們一般人也是如此，希望被看見自己的好，也被接受與認可自己的樣子。特別是在戀愛中的人，往往希望對方可以接受自己的全部，即便有缺點，但是就是希望對方愛自己原來的樣子。一般人都是如此了，性傾向的少數族群又何嘗不是？他們也是一般人啊！

性傾向的少數族群，其實在幼年的時候就已經發現自己是不一樣的，然而卻不清楚是怎麼樣的「不一樣」？等到青春期體內的賀爾蒙開始發展、亂竄，而也發現周遭的同儕汲汲追求異性，自己喜愛的對象卻跟大家不一樣，那時候是非常恐慌的！不少青少年開始去網路或是坊間書肆找答案，然而卻有不同的聲音在自己腦內呼喊：「我不要自己是同性戀！」性傾向的少數族群其實也是最害怕「確定」自己性傾向的一群（所謂的「恐同」），因為他們非常清楚這個世界與社會會怎樣對待他們。許多青少年還因為自己的行為舉止不像「典型」性別（如娘娘腔）而遭受霸凌或欺負，在生活與職場上遭受到許多不人道的待遇，在歐美國家還有所謂的「仇恨犯罪」（會殺害不同信仰、種族或是性傾向的人），許多的青少年自殺與此有關。

有位學生說得好：「**如果我們的社會正常一點，可以接納多元與不同，很多人就不會生病了！**」說穿了，我們每個人不都是不同的個體嗎？沒有因為對方的性傾向而影響到我們的生活吧？那麼，為什麼要刻意壓榨與欺凌這些人呢？家人永遠都是一個人最在乎的，倘若家人不認可，許多同志或是雙性戀者會覺得自己被拋棄了，什麼都沒有了，也因此沒有了求生意志。

我的性向天生如此

小梅外觀上有點男性化，她也不遮掩，還很大方在第一次會談時就告訴我她是「T」（女同志裡面的男性角色），我問她：「那麼妳今天出現這裡應該不是為了性傾向問題，所以是什麼？」小梅說自己常常失戀，覺得女人都不可靠：「只要碰到男人，她們就離開了。」我請小梅舉例說明，因為我不太理解她的意思。小梅提到自己從國中開始的戀愛經驗，與她交往的女同學，後來都轉向異性戀的生活了。「我在書上看過，有些人是因為在單純的女校或男校，所以發展了『情境式的同性戀』，那些人其實不是同志。」

「一般的異性戀者即使在單一性別的環境，像是軍隊或監獄，也不會與他人發展同性關係，應該是他／她本身就是，或者是雙性戀。」我解釋說。

小梅說小時候曾經受到鄰居一位阿伯的性騷擾，是不是因為這樣她才對女生有興趣？我回道：「受到創傷而改變性傾向的案例不多，妳應該是在更早之前就意識到自己的不一樣吧？」小梅笑道：「就是啊！我從很小的時候就不喜歡穿裙子，也愛找男生打架，我阿嬤就說我是裝錯身體的女生。」

小梅的父親因為吸毒進出勒戒所多次，後來就病故。她說她見過一位女性，應該是她母親，只是阿嬤都不承認，因為那位女性對她很好，偶爾會來看她，但是阿嬤都不理會。「我阿嬤本身也是單親媽媽，我沒有阿公。所以我希望自己可以早一點獨立，不要靠男人。」

小梅提到上一段戀情，對方偷吃，後來被她當場逮到，只是她也不知道該怎麼處罰對方，所以只好放手讓她去。小梅說要找一個真正契合的對象真的是太難了，「我們有時候還要跟異性戀的男生爭（女友）。」我們談到女性喜歡溫柔體貼的伴侶，但是這些出現在男性身上可能對方就是同志，或是非主流的溫柔漢，因此即便是在與異性戀男性交往的同時，有些女性還是會希望從同性身上獲得一些貼心的對待。

這個社會對於不同性別的同志還是有差別待遇，這似乎是東西方皆同，因為基本上我們都還是男性主導的社會，許多的規約也都是男性在訂立，因此男同志的處境比較艱難，他們需要勉強自己去吻合所謂的「典型男子氣概」，只要表現出不是該性別的行為或舉止，可能就會受到大眾的批判與撻伐。雖然有人說我們現在的社會比較呈現「中性」，似乎對於傳統的性別要求沒有以往強烈，然而這些潛藏規則還是堅固的存在。

「我朋友說是不是因為我單親阿嬤養大，所以才會這麼不像女人，又是『蕾絲邊』（lesbian，指「女同志」）？」小梅說。「妳說呢？」我把問題丟回給她去思考，她想了一下：「應該不是吧。這樣好像是在怪我阿嬤！」

「**性傾向是天生如此**，**跟後來的養育沒有關係**，而且我發現妳阿嬤把妳教養得很好，讓妳能夠很獨立、做自己。」小梅笑了：「這倒是真的。」

諮商師的解析

小梅的問題的確釐清了許多的迷思，我很高興她不怕問。女性之間的情誼比較親密，在東西方都是如此，也因此被接受度較高，即使是女同志也是如此，相反地，男性的處境就較為艱難。我們社會傳統還是男性至上，因此傳宗接代的壓力更甚於女性，即便女性選擇單身的壓力，還是較男性要小很多。男性若選擇單身，一來容易被懷疑是同志，二來會被視為是「不正常」的，因為男性普遍被認為「性慾」較強（其實是因為物競天擇，為延續後代的設計），比較「需要」成家，有個固定的性伴侶。

小梅說自己常常愛上異性戀的女性，也許對方也害怕自己是同志吧！就這一點而言，小梅是一位誠實的人，因為她會承認自己是誰。幾段戀情讓小梅覺得自己是被利用了，當然會覺得生氣。有些女性會覺得女人的對待之間較為體貼、符合所需，因此即使自己可能是雙性戀也不敢承認，而青春期的同性相吸也被當作是年少輕狂而已！一般說來，女性之間的情誼較為深厚且長久，男性即使是同性友誼也不敢太深入，因為怕被誤會，自身也有「恐同」的憂慮。

每個人都有親密關係的需求，希望有人愛、可以愛人，有所歸屬。在愛中會讓個人覺得自己是有價值的，值得被愛。常常失戀或是失落，的確也讓小梅覺得不安，甚至會懷疑親密關係的真實性，然而只要是真心誠意，相信一定可以找到一位契合的伴侶。

國家圖書館出版品預行編目（CIP）資料

讓家自由，讓自己愛：35 個家庭諮商的故事 / 邱珍琬著 . -- 初版 . -- 臺北市：奇異果文創，2015.11
216 面；14.8×21 公分 . --（好生活；6）
ISBN 978-986-91943-7-2（平裝）

1. 家庭輔導 2. 心理諮商 3. 通俗作品

544.186　　104022749

好生活
006

讓家自由，讓自己愛
——35個家庭諮商的故事

作　　者　邱珍琬

美術設計　蘇品銓
執行編輯　許雅婷

總 編 輯　廖之韻
創意總監　劉定綱

法律顧問　林傳哲律師　昱昌律師事務所

出　　版　奇異果文創事業有限公司
地　　址　臺北市大安區羅斯福路三段 193 號 7 樓
電　　話　(02) 23684068
傳　　真　(02) 23685303
網　　址　https://www.facebook.com/kiwifruitstudio
電子信箱　yun2305@ms61.hinet.net

總 經 銷　紅螞蟻圖書有限公司
地　　址　臺北市內湖區舊宗路二段 121 巷 19 號
電　　話　(02) 27953656
傳　　真　(02) 27954100
網　　址　http://www.e-redant.com

印　　刷　大亞彩色印刷製版股份有限公司
地　　址　新北市板橋區中山路二段 443 巷 55 號 3 樓
電　　話　(02) 29611398

初　　版　2015 年 12 月 4 日
I S B N　978-986-91943-7-2
定　　價　新臺幣 280 元